Walter Rebell

Die dritte Puppe

Walter Rebell

Die dritte Puppe

Roman

Fromm Verlag

Imprint

Cover image: www.ingimage.com

Publisher:
Fromm Verlag
is a trademark of
International Book Market Service Ltd., member of OmniScriptum Publishing Group
17 Meldrum Street, Beau Bassin 71504, Mauritius
Printed at: see last page
ISBN: 978-613-8-37254-7

ERIKA A. HATTE EINE NACHT MIT Vollmond abgewartet. In dessen bleichem Schein parkte sie ihr Auto auf der stillen Straße, die an der Friedhofsmauer entlangführte. Sie nahm nicht den Parkplatz am Friedhofseingang – denn wer weiß, ob nicht auch mitten in der Nacht jemand dort vorbeiging und dann ihr Auto sah. Und sich seine Gedanken machte. Und zur Polizei ging, wenn er in der Zeitung las, was in jener Nacht auf dem Friedhof geschehen war.

Die Friedhofsmauer war brusthoch; für die sportliche Erika A., 26 Jahre alt, stellte sie kein Hindernis dar. Der Spaten wurde auf die andere Seite geworfen, dann kletterte Erika A. hinüber. Sie kannte das Grab, zu dem sie hinwollte, ganz genau. Wie oft hatte sie nicht vor ihm gestanden – schon als kleines Kind, an der Hand der Mutter. Sie hatte mithelfen müssen, es zu pflegen: Blumen pflanzen, Unkraut rupfen, gießen . . . Das Grab war immer tadellos in Ordnung. Später war Erika A. dann alleine zu dem Grab gegangen, mindestens einmal pro Woche. Wie viele Tränen hatte sie nicht dort geweint!

Es waren aber keine Tränen der Trauer gewesen.

Es waren Tränen der Wut gewesen, Tränen der Enttäuschung, Tränen der Verzweiflung, Tränen über ihr zerstörtes Leben. Von der Mutter zerstörtes Leben.

Als Erstes zertrampelte Erika A. die Blumen. Zertrampeln reichte jedoch nicht, sie riss sie aus dem Boden, schmiss sie nach links und rechts. Dann die Arbeit mit dem Spaten: Sie grub Löcher, wühlte den Boden auf, schmiss auch die Erde nach links und rechts. Sie weinte dabei, wieder waren es Tränen der Wut. Aber jetzt – endlich – wurde die Wut abgeführt, sie gelangte aus ihr heraus, sie wurde nicht unterdrückt, sie wurde nicht nach dem Friedhofsbesuch wieder mit nach Hause genommen. Es war so, wie ich, Erikas Psychotherapeut, es ihr vorausgesagt hatte: «Das Grabschänden wird eine Befreiung für Sie sein. *Katharsis* nennt man das in der psychologischen Fachsprache.»

Ich lehnte mich zufrieden in meinem Sessel zurück. Gespannt hatte ich verfolgt, was Erika mir über ihre nächtliche Grabschändung erzählt hatte. Wenn du ein guter Psychotherapeut sein willst, musst du den Mut zu ungewöhnlichen Ratschlägen haben. Du musst aufs Ganze gehen, du musst in den Risikobereich hinein. Und einer Klientin den Rat zu geben, ein Grab zu schänden, noch dazu ein Kindergrab, das Grab eines 6-jährigen Mädchens, ist zweifellos Risikopsychotherapie. Das ist sogar strafbar. Deshalb auch die Bitte an Erika, bei ihrem Friedhofsbesuch größtmögliche Vorsicht walten zu lassen.

Ein Psychotherapeut als Anstifter zu einer Straftat …

Ja, ja, weil es sonst keine Möglichkeit gab, Erika zu helfen. Straftat hin oder her, Erika musste endlich den Weg ins Leben finden. Und das ging nur, wenn sie mit der Mutter abrechnete. Wenn sie das zerstörte, was für die Mutter das Teuerste, das Liebste war. Und das Teuerste, das Liebste der Mutter war das, was sie, Erika, nicht zu ihrem eigenen Leben finden ließ.

Erikas Bericht über die Grabschändung war noch nicht zu Ende. Sie erzählte: «Ich überlegte, ob ich mich bis zum Sarg durchgraben sollte. Bis zur Leiche. Aber was war von Sarg und Leiche nach 26 Jahren noch übrig? Außerdem graute mir vor dem, was ich da sehen würde. Das bleiche Licht des Vollmonds machte ohnehin bereits alles unheimlich. Erst jetzt spürte ich die kalte Nachtluft; mich fröstelte, ich wollte heim.»

«Aber Sie haben doch noch den Grabstein umgestürzt, wie verabredet, oder?»

Ja, sie hatte den Grabstein umgestürzt. Aber das war schwieriger gewesen als gedacht. Zunächst hatte sie den Grabstein noch einmal angeschaut. Die Inschrift war im Licht des Vollmonds gut zu lesen gewesen. Auf dem Grabstein stand *ihr*, Erikas, Name. Vorname und Nachname. Die Lebensdaten gaben an, dass die Beerdigte 6 Jahre alt geworden war.

Erika war aber 26 und sehr lebendig.

Zwei Erikas also: die eine im Kindergrab, das jetzt geschändet war, die andere mir gegenübersitzend in meiner psychotherapeutischen Praxis.

Das Grabsteinumstürzen war schwieriger gewesen als gedacht?

Ja. Erika hatte um den Grabstein herum graben müssen, bis er locker war. Das hatte ziemlich lange gedauert. Dann trat sie hinter den Grabstein und drückte, bis er stürzte. Bis er auf dem geschändeten Grab lag.

Das Zerstörungswerk war vollendet.

Erika betrachtete es. «Verzeih mir, Erika», flüsterte sie. Dann ging sie langsamen Schrittes davon, drehte sich aber noch einmal um, sie hatte etwas vergessen. «Verzeih auch du mir, Hermeline», flüsterte sie. In Erikas Kindersarg war ihre Lieblingspuppe gelegt worden, Hermeline. Auf diese Puppe wäre Erika sicherlich gestoßen, wenn sie tief genug gegraben hätte. Es war eine Puppe aus gutem Material. Die sollte sich erhalten haben – auch wenn von Mädchen und Sarg nach 26 Jahren nicht mehr viel übrig war.

Meine Praxis, die Praxis des Psychotherapeuten Dr. Ralf Wagner, befindet sich mitten in Zürich, im 4.Stock eines Bürogebäudes. Man würde aus den Fenstern auf das Treiben in der Innenstadt schauen, aber ich habe dichte Gardinen anbringen lassen, die schaffen Ruhe. Die Möblierung: einfach, aber geschmackvoll; nie erneuert; die obligatorische Couch ist nach 30 Jahren abgewetzt; auch ich bin abgewetzt, kurz vor dem Ruhestand, aber die Arbeit macht mir immer noch Spaß. Ich bin menschensüchtig; ich will in das Schicksal von Menschen hinein, will sie von innen her verstehen; und erlebe immer wieder Überraschungen. «Das gibt es doch nicht!», darf ein Psychotherapeut allerdings nie sagen; das zeugte von Naivität. Er muss auf Überraschungen eingestellt sein. Er muss sie auf der Rechnung haben, er muss sie einkalkulieren. Und so rechnete ich mit einer überraschenden Lebensgeschichte, als Erika A. mich anrief, um einen Termin bat und dann noch – nach einigem Zögern – fragte, ob sie jemanden mitbringen könne.

Ralf W.: «Ich mache normalerweise Einzelsitzungen; aber sagen Sie mir, wen Sie gerne dabeihätten.»

Erika A.: «Meine Puppe Hermeline. Darf ich sie mitbringen?»

Nur keine Überraschungsreaktion zeigen, einfach nur ja sagen. Besser: ja, gern. Eine Überraschungsreaktion wäre therapeutenunwürdig. Wäre naiv. Eine erwachsene Frau will mit einer Puppe kommen? Soll sie! Sie kommt zu einem Therapeuten, der jetzt nicht nur menschen-, sondern auch puppensüchtig ist. Was wird mir Hermeline über Erika A. erzählen?

Erika A. hatte nicht den Aufzug genommen, sondern war die Treppe hochgestiegen – ich merkte es an ihrem heftigen Atem. Angst vor Aufzügen? Klaustrophobie? Kam Erika A. wegen einer Zwangsneurose? Als Psychotherapeut fängst du sofort an zu kombinieren. Ich habe schlimme Fälle von Klaustrophobie erlebt, und alle Betroffenen haben den Aufzug in den 4.Stock gemieden. Erika A. war aber keine Klaustrophobikerin. «Ich bin die Treppe hochgerannt», sagte sie nach der Begrüßung. «Das war eine kleine zusätzliche Trainingseinheit. Auch zu Hause praktiziere ich Treppentraining.»

Treppentraining? Kleine zusätzliche Trainingseinheit? Das machte Erika A. dem Psychotherapeuten Ralf W. auf Anhieb sympathisch. Das verband ihn mit ihr. Auch er: ein Aufzug-Vermeider; ein Treppen-Hochläufer. Auch er sagte sich: Das ist eine kleine zusätzliche Trainingseinheit – neben dem Joggen, neben den Besuchen im Fitness-Studio. Ralf W., obwohl bald im Rentenalter: immer noch fit. Abgewetzt, Falten im Gesicht, aber fit.

Wo war die Puppe Hermeline? Erika A. trug sie nicht in der Hand.

Sie trug sie in einem kleinen Rucksack. Den schnallte sie jetzt ab und warf ihn von sich. Warf ihn gegen die Wand.

Warf ihn von sich? Warf ihn gegen die Wand? Ich traute meinen Augen nicht. Aber ein Psychotherapeut darf ja keine Überraschungsreaktion zeigen; er muss auch so etwas, was die Frau da tat, gleichmütig hinnehmen. Aber dem Psychotherapeuten Dr. Ralf Wagner war sofort klar: Vor dir sitzt eine schwer gestörte Person.

«Hermeline begleitet mich auch beim Joggen», war Erika A.s erster Satz, nachdem ich sie gebeten hatte, ihre Leidensgeschichte zu erzählen. «Der Rucksack stört mich gewaltig, aber ich schnalle ihn mir zum Joggen um. Wieder zu Hause, schmeiße ich ihn dann voller Wucht in die Ecke. Besinne mich aber sofort anders, hole Hermeline aus dem Rucksack heraus und setze sie in ihren Kinderstuhl, der mitten in meinem Wohnzimmer steht; dort bleibt sie den ganzen Tag.»

Eine Frau und ihre Puppe …

Und wenn man sofort mit der Risikopsychotherapie beginnt? Noch ehe man Hermeline gesehen hat? Man braucht sie gar nicht zu sehen. Man fragt Erika A.: «Haben Sie Wertsachen in Ihrem Rucksack? Irgendetwas Wichtiges?»

Hatte sie nicht – bis auf einige Fotos. Die bat ich sie herauszunehmen. Dann sagte ich: «Nehmen Sie den Rucksack, treten Sie ans Fenster, ziehen Sie die Gardine zur Seite, öffnen Sie das Fenster und schauen Sie hinunter, ob auf dem Bürgersteig gerade keiner entlanggeht.»

Erika A. tat alles, was ich gesagt hatte. Und auf dem Bürgersteig ging gerade keiner entlang.

«Schmeißen Sie den Rucksack aus dem Fenster!», ordnete ich an. «Und bedenken Sie, dass man einen Sturz aus dem 4.Stock normalerweise nicht überlebt. Ihre Puppe Hermeline wird also, wenn sie unten auf dem Bürgersteig liegt, zerschmettert sein. Zerschmettert, tot.»

Das ist direktive Therapie, ich weiß. Das ist autoritäres Verhalten. Aber ich habe von dem psychotherapeutischen Weichei-Verhalten die Nase voll. Klienten wollen auch mal an die Hand genommen werden. Wollen den Weg gewiesen bekommen. Ich kann allerdings auch zuhören. Kann auch behutsam sein. Aber du musst dich so verhalten, wie es dir der innere, intuitive Psychotherapeut vorschreibt. Und der schrieb mir in dieser Situation vor: Risikopsychotherapie; sofort aufs Ganze gehen; nicht milde und vorsichtig anfangen; milde und vorsichtig: das kann später kommen.

Erika A. warf tatsächlich den Rucksack mit Hermeline aus dem Fenster. «Stirb, du Ungeheuer!», rief sie der Puppe hinterher. Und dann kehrte sie nicht in ihren Sessel zurück. Sie legte sich, ohne dazu aufgefordert worden zu sein, auf die Couch.

Die Therapie konnte beginnen.

Sie hatte ja schon begonnen. Mit einer dramatischen Aktion.

«EVA SOLL SIE HEISSEN!» Freudestrahlend hatte das 5-jährige Mädchen die Puppe in Empfang genommen. Das Mädchen hatte nicht seinen Geburtstag, es war auch nicht Weihnachten, die Mutter war einfach so mit einer Puppe für ihre kleine Tochter aus der Stadt zurückgekommen. Und die Tochter hatte, kaum dass sie Puppe in den Armen hielt, auch schon einen Namen für sie: Eva.

Genau in diesem Augenblick begann die Leidensgeschichte mit der Puppe.

Die Mutter runzelte die Stirn und sagte: «Wie wäre es mit dem Namen *Hermeline*? *So* könnte doch die Puppe heiβen. Hermeline ist ein schöner Name.»

Hermeline war kein schöner Name. Nicht für die 5-jährige Erika. Nein, die Puppe sollte Eva heiβen.

Die Mutter war auf einmal streng, sie nahm Erika die Puppe wieder weg. «Wenn sie nicht Hermeline heiβen darf, bekommt meine kleine Erika sie nicht», sagte sie.

Hermeline – Eva. Die Mutter war unnachgiebig. Die Puppe musste Hermeline genannt werden. Natürlich wollte Erika die Puppe nicht wieder hergeben, also nannte sie sie Hermeline. Aber heimlich, wenn die Mutter nicht dabei war, nannte sie sie Eva. Bis die Mutter eines Tages dahinterkam.

«So, so, Hermeline ist für dich Eva», sagte sie. «Das werde ich dir austreiben.»

Die Mutter trieb Erika den Namen Eva durch Puppenentzug aus. Immer wieder lauschte sie heimlich an der Kinderzimmertür, und wenn Erika die Puppe Eva nannte, bekam sie sie weggenommen. Für zwei oder drei Tage. Bis sie nach der Puppe jammerte und bis sie versprach, nie wieder den Namen Eva zu benutzen. Aber dieses Versprechen hielt sie nie.

Es dauerte mehrere Monate, bis die Erziehung der Mutter Erfolg hatte; die Puppe wurde nun nie mehr Eva genannt, sondern nur noch Hermeline.

Erika A. machte es dem Psychotherapeuten Ralf W. schwer, keine Überraschungsreaktion zu zeigen. Was für eine Geschichte! Warum dieses Insistieren der Mutter auf einem bestimmten Namen? Puppe ist Puppe, und welchen Namen sie bekommt, ist egal, oder?

Nein, es war nicht egal. Erika A. klärte mich auf. Ihre Schwester, die ebenfalls Erika geheiβen hatte, war mit 6 Jahren durch einen Unfall ums Leben gekommen. Und meine Klientin Erika war Ersatz für die erste Erika. Sie wurde kurz nach dem tödlichen Unfall gezeugt, wurde wie gewünscht ein Mädchen und sollte an die Stelle der ersten Erika treten. Sie bekam deren Kleidchen angezogen, sie fuhr mit deren Tretroller, spielte mit deren Spielsachen, bekam aber nicht deren Lieblingspuppe Hermeline; die war mit in den Sarg gelegt worden. Die Mutter wartete bis zu dem Zeitpunkt, wo ihre erste Erika Hermeline erhalten hatte. Genau zu diesem Zeitpunkt bekam auch ihre zweite Erika eine Puppe geschenkt – die wiederum Hermeline genannt werden sollte. Und nicht etwa Eva oder sonst wie.

Ich begann zu verstehen. Auf meiner Couch lag eine Frau, der von frühester Kindheit an nicht erlaubt worden war, ihr eigenes Leben zu leben. Sie hatte das Leben ihrer toten Schwester leben müssen. Ihr war verordnet worden, eine Kopie dieser Schwester zu sein.

So etwas war neu für mich. So etwas hatte ich in 30 Jahren Berufsausübung noch nicht erlebt. Ich war bestürzt. Bestürzt, aber auch fasziniert. Und fühlte mich bestätigt in meiner Risikopsychotherapie; bestätigt darin, dass ich Hermeline hatte zu Tode kommen lassen. Diese vermaledeite Puppe war meine Klientin bereits los – ein guter Anfang. Ich ahnte allerdings nicht, dass sich die Therapie zu einem Kriminalfall ausweiten würde. Ich ahnte nicht, dass in ihrem Verlauf von mir Privatdetektiv-Fähigkeiten gefordert werden würden. Dabei würde eine dritte Puppe Hermeline eine Rolle spielen. Die erste Puppe Hermeline war in einen Kindersarg gelegt worden, die zweite in der Zürcher Innenstadt aus dem 4.Stock auf den Bürgersteig geworfen und dort ihrem Schicksal überlassen worden, und die dritte Puppe Hermeline, die würde der Schlüssel zur Aufklärung eines Verbrechens sein.

Ich sollte nun die Fotos anschauen, die im Rucksack gewesen waren, sie lagen auf meinem Schreibtisch. Es waren Kinderbilder. Sie zeigten zwei verschiedene Mädchen, die sich aber sehr glichen, die Zwillinge hätten sein können. Immer waren die Mädchen bei denselben Tätigkeiten und immer vor der gleichen Kulisse fotografiert worden: bei den ersten Stehversuchen im Kinderbett, wo sie sich an den Gitterstäben festhielten; auf dem Töpfchen beim ersten «großen Geschäft»; im Kinderstuhl am Mittagstisch; beim Tretrollerfahren; im Garten beim Blumenpflücken … Stets hatte die Mutter fotografiert, so erzählte mir Erika von der Couch aus, und sie hatte peinlich darauf geachtet, dass Erika 2 immer genau dieselbe Position einnahm wie Erika 1. Erika 2 erinnerte sich noch, mit welcher Strenge die Mutter genau diese oder jene Geste verlangt hatte – damit Erika 2 auf dem Foto möglichst nahe an Erika 1 herankam. «Mach es so wie deine Schwester! Lächel, sie hat auch gelächelt! Streck den Blumenstrauß mir entgegen, das hat sie auch gemacht!»

Hatte ich schon einmal so viel Pathogenes aus der Kinderstube berichtet bekommen? Nein; was Erika mir da bot, übertraf alles.

Die Fotos mit Hermeline hatte ich noch nicht gesehen. «Sagen Sie mir, wenn Sie bei denen angekommen sind», bat Erika. War ich jetzt. Und nachdem ich Erika das gesagt hatte, sprach von der Couch her nicht mehr *sie*, Erika, sondern, mit dünner Fistelstimme, Hermeline: «Willst du von der Mutter geliebt werden, Erika?»

Erika, mit normaler Stimme: «Ja, will ich, Hermeline.»

Hermeline: «Von der Mutter geliebt werden, das ist ganz wichtig für dich, weißt du auch, warum?»

Erika: «Weil ich keinen Vater mehr habe. Weil der, als meine Mutter wusste, dass sie mit mir schwanger war, verschwand. Einfach verschwand. Sich in sein Auto setzte, wegfuhr und nie wiederkam. Alle Nachforschungen blieben vergeblich. Bis heute weiβ niemand, wo er ist, mein Vater. Er taucht manchmal nachts in meinen Träumen auf.»

Hermeline: «Wenn du keinen Vater mehr hast, ist es umso wichtiger, dass du eine Mutter hast, die dich liebt. Und du musst alles tun, damit dir ihre Liebe erhalten bleibt. Zum Beispiel darfst du mich nie Eva nennen, du musst immer Hermeline sagen.»

Welche Krankheit hatte Erika A. eigentlich? Wie konnte man die Neurose, an der sie litt, bezeichnen? Ich kramte in meinem Gedächtnis, aber mir fiel kein Name ein. Der Name musste erst noch erfunden werden: Puppen-Neurose. Krankhafte Hass-Liebe zu einer Puppe mit zerstörerischen Auswirkungen auf das Leben. Nichts war normal in Erikas Alltag: die Puppe Hermeline saβ mit am Frühstückstisch, Erika unterhielt sich mit ihr, sie nahm sie auch mit ins Büro, verborgen in einer groβen Handtasche. Niemand bei der Arbeit – Erika war Sekretärin bei einer Versicherung – ahnte, was in der Handtasche war. Und wo verbrachte die Puppe Hermeline die Nacht? Ich hätte es mir denken können: in Erikas Bett. Einen Lebenspartner findet man mit solch einer krankhaften Puppen-Bindung nicht. Freundschaften waren regelmäβig gescheitert, wenn der Mann begriffen hatte, dass Erika die Puppe seiner Person immer vorziehen würde. «Geh mal zum Psychotherapeuten!», wurde ihr dann an den Kopf geworfen. Und da befand sie sich jetzt.

Der Psychotherapeut Ralf W. war, als er die Geschichte bis hierher gehört hatte, mit sich zufrieden. Er hatte bereits, noch bevor die Therapie richtig begonnen hatte, die Puppe Hermeline, den Quell für all die Probleme der Klientin, töten lassen, von der Klientin selbst. Jetzt konnte es nur noch besser werden; Erika A. war bereits auf dem Weg der Heilung.

Ralf W., wie naiv bist du eigentlich? Schon in der ersten Stunde der Therapeuten-Ausbildung lernt man, dass die Probleme, die man mit einer Bezugsperson hat, bei deren Tod nicht enden. Auch die tote Mutter oder der tote Vater regieren noch in das Leben des Kindes – des erwachsenen Kindes – hinein. Man wird die toten Eltern nicht so einfach los. Und warum sollte es bei einer Puppe anders sein? Auch die würde sich, so stand zu befürchten, in Erika A.s Leben weiter einmischen. Ja, das tat sie. Auf Wochen, auf Monate hinaus. Bis ich die Idee mit der Grabschändung hatte. Auch Hermelines Grab wurde dabei geschändet, und das vertrug die Puppe nicht; sie vertrug Erikas Entschlossenheit nicht; sie vertrug ihr Aufbegehren nicht.

Aber Moment mal, geschändet worden war doch das Grab von Hermeline 1. Wo Hermeline 2 verblieben war, wussten Erika und ich nicht. Jemand hatte den Rucksack mit der Puppe aufgehoben und mitgenommen …

Hermeline 1, Hermeline 2, später noch Hermeline 3 – die Puppen waren identisch, das Seelenleben meiner Klientin machte aus ihnen *eine*, und es war egal, an welcher man therapeutisch ansetzte. An der dritten Puppe setzte ich allerdings nicht therapeutisch an, sondern kriminalistisch.

Was hatte mir Erika von ihrem Vater erzählt? Dass er spurlos verschwunden war? In einer der nächsten Sitzungen wollte ich Genaueres wissen …

Erika 1 war von ihrem eigenen Vater beim Rückwärts-Heraussetzen aus der Garage überfahren worden. Die Familie besaβ eine abseits gelegene Villa am Rande des Dorfes. Erika befand sich auf dem Garagenvorplatz. Sie hatte begonnen, auf ihm mit bunter Kreide lustige Bilder zu malen. Sie hatte ein Bilderbuch dabei, das lag aufgeschlagen auf dem Boden, sie selber lag auch auf dem Boden, oder kniete, und kopierte die Bilder. Sie war, als das Auto herausrollte, auf der rechten Seite des Fahrzeugs – für den Vater am Steuer nicht sichtbar. Versunken in ihre Tätigkeit, muss ihr das Auto unbemerkt geblieben sein. Es überrollte sie im Brustbereich, das Mädchen war sofort tot.

Und nicht lange danach verschwand der Vater spurlos?

So war es. Vorher hatte er allerdings noch Erika 2 gezeugt.

Bestand ein Zusammenhang zwischen dem Tod des Mädchens Erika 1 und dem Verschwinden des Vaters?

Der Staatsanwalt hatte nach gründlicher Untersuchung keine Anklage gegen den Vater erhoben. Dieser hatte sich also nicht etwa einer Strafverfolgung entzogen. Aber weshalb war er dann verschwunden?

Es gab keine Antwort darauf.

Wieder ein verschwundener Vater – das hatte der Psychotherapeut Dr. Ralf Wagner doch schon einmal gehabt, vor langer Zeit. Damals war das Verschwinden des Vaters kein eigentliches Thema gewesen, für die Heilung der Zwangsneurose des Klienten – ebenfalls durch Risikopsychotherapie! – nicht von Bedeutung. Ralf W. hatte das Verschwinden einfach hingenommen, es ging ihn nichts an, er stellte keine Nachforschungen an, der Klient wurde von seiner Zwangsneurose geheilt, und allein darauf kam es an. Der Vater mochte verschwunden bleiben.

Aber jetzt war es anders. Das Verschwinden des Vaters quälte Erika A. Nicht, dass sie Sehnsucht nach ihm hatte, aber sie wollte den Grund für sein Verschwinden wissen; und was aus dem Vater geworden war. Ich beschloss, etwas zu unternehmen.

Aber wie war das damals noch gewesen? Der Fall mit Zwangsneurose, Risikopsychotherapie und verschwundenem Vater? Ralf W. rief sich die Sache in Erinnerung …

AN EINEM MORGEN IM HERBST DES JAHRES 1960 stieg der Finanzbeamte Albert H. in seinen BMW 600, einen Kleinwagen mit 19,5 PS, um zur Arbeit zu fahren. Albert H. wohnte mit seiner Frau und seinem Sohn in einem Dorf in der Ostschweiz und arbeitete im Finanzamt der nahegelegenen Stadt. Er führte ein normales Familienleben. An jenem Morgen kam er an seinem Arbeitsplatz nicht an. Er kam auch nicht nach Hause zurück. Er verschwand spurlos, samt Auto. Alle Nachforschungen blieben erfolglos.

An einem Morgen im Frühling des Jahres 1998 brachte Manfred H., der Sohn von Albert H., sein Auto, einen BMW 520i, zur Inspektion in seine BMW-Werkstatt. Nach der Ablieferung des Fahrzeugs sah er sich, wie er es immer tat, in der Ausstellungshalle um. Dort standen nicht nur die neuesten Modelle, dort stand auch ein blankgeputzter Oldtimer: ein BMW 600. Blau-weiß war er – wie das Auto des Vaters. Blaue Karosserie, weißes Dach. Neugierig ging Manfred H. um das Auto herum. Und dann erstarrte er. Auf der linken Seite war eine kleine Delle. Sie stammte von ihm selber, Manfred H. Er war einmal als Junge mit dem Fahrrad gegen das Auto gestoßen.

Der BMW 600 bei seinem BMW-Händler war das Fahrzeug seines Vaters!

Oder irrte er sich? Die Delle konnte auch anders entstanden sein.

Ein zweites Indiz würde Gewissheit bringen. Manfred H. öffnete das Auto, um auf der Rückbank etwas nachzuschauen. Und er fand ihn, den dunkelroten Fleck. Nasenblut war das. Nasenblut von ihm selber, nach einer Ohrfeige des Vaters. Das Blut hatte sich nicht auswaschen lassen.

Ohrfeige des Vaters, Nasenblut auf der Rückbank …

Albert H. war an einem Sommertag des Jahres 1959 nach dem Mittagessen aus dem Haus gegangen, um das Auto zu kaufen. Neben dem Siedlungshaus stand bereits eine Garage. Mitte des Nachmittags fuhr der blau-weiße Kleinwagen auf dem Garagenvorplatz vor, und Albert H. stieg mit stolzgeschwellter Brust aus. *Vorne* stieg er aus, denn der BMW 600 hatte als Zugang zu den Vordersitzen keine Seitentüren, sondern eine Fronttür.

Vorne aus einem Auto aussteigen …

Manfred, der mit seiner Mutter aus dem Haus gelaufen war, um Vater und Auto zu empfangen, hatte verwundert zugeschaut. Vorne aus einem Auto aussteigen? So etwas kannte er nicht. Und er sagte: «Das ist aber ein komisches Auto.»

Der BMW 600 – ein komisches Auto?

Der BMW 600 wurde von Dezember 1957 bis November 1959 gebaut. Auffällig an ihm war nicht nur, dass er eine Fronttür hatte, sondern auch, dass es für die beiden rückwärtigen Plätze nur eine einzige Seitentür gab. Bei dem Zweizylinder-Boxermotor des Fahrzeugs handelte es sich um eine überarbeitete Version eines BMW-Motorradmotors. Das Auto war verhältnismäßig teuer und fand nur wenige Käufer, deshalb wurde es auch nicht lange gebaut. Es hatte aber typische BMW-Qualitäten: gute Verarbeitung, hervorragende Straßenlage.

Ein typischer BMW. Ein kleines Auto einer großen Marke. Albert H. erklärte Frau und Sohn die technischen Details, obwohl die das gar nicht interessierte, und ließ dann beide einsteigen: die Ehefrau vorne, den Sohn hinten. Prompt erfolgte die nächste Bemerkung des Sohnes: «Das Auto hat ja hinten nur eine Tür. Alle anderen Autos haben zwei Türen.»

Das war zu viel. Albert H. ging zu der offenstehenden Seitentür, beugte sich in das Auto hinein und versetzte dem Sohn eine Ohrfeige. Manfred bekam regelmäßig Ohrfeigen, bei jeder kleinsten Gelegenheit, aber dieses Mal schlug der Vater besonders hart zu. Sofort tropfte Blut aus der Nase des Jungen. Tropfte auf die Rückbank. Und war nicht wieder wegzukriegen.

Das neue Auto – verschandelt durch einen Blutfleck. Die Mutter warf sich zwischen Sohn und Vater, sonst hätte Manfred an jenem Tag noch eine gründliche Tracht Prügel bekommen.

Die gründliche Tracht Prügel bekam er einige Wochen später. Der BMW stand an einem Samstag auf dem Garagenvorplatz. Der Vater hatte ihn mit Schlauch und Bürste gewaschen und dann abgeledert. Manfred kam mit dem Fahrrad vom Fußballspielen. Seine Mannschaft hatte verloren, er war traurig und passte nicht recht auf. Er hätte das Fahrrad an dem Auto vorbei *schieben* sollen, aber er fuhr, er stieg nicht ab. Und stieß mit dem Lenker gegen das Fahrzeug.

Fahrrad gegen Auto - das wurde Jahrzehnte später in der Psychotherapie durchgearbeitet. Der Psychotherapeut: Dr. Ralf Wagner. Manfred H. kam einmal pro Woche zu mir, um eine Zwangsneurose behandeln zu lassen. Ich fragte ihn, als er mir von der Delle in dem BMW erzählt hatte: «Könnte es sein, dass Sie sich mit dieser Delle für die Ohrfeige gerächt haben, die Ihnen Ihr Vater am Tag des Autokaufs versetzte?»

Fahrrad gegen Auto.

Das Fahrrad war stärker als das Auto. Das Fahrrad hatte das Auto beschädigt, nicht umgekehrt. Der Sohn hatte den Vater an dessen empfindlichster Stelle getroffen. Albert H. weinte fast, als er die Delle sah. Der Sohn wurde zwar grün und blau geschlagen, aber er hatte sich am Vater gerächt.

Über das Auto den Vater treffen.

Aggression gegen den Vater entlädt sich an dessen Auto.

So konnte man es sehen.

Plötzlich bist du froh, dass dieser Mann weg ist. Samt seinem Auto. Er ist eine Woche lang nicht wiedergekommen, einen Monat lang nicht, ein Jahr lang nicht. Er wird wohl nie wiederkommen. Aber ist das schlimm? Diesen Tyrannen bist du los. *Albert H. führte ein normales Familienleben?* Ja, nach außen hin. Aber Mutter und Sohn litten an ihm.

Meine Einschätzung war: «Ihre Zwangsneurose, die Sie bis zur Arbeitsunfähigkeit geführt hat, stammt aus der frühen Kindheit. Sie haben damit auf Ihren Vater reagiert. Mit Zwangshandlungen will man sich schützen; und Sie mussten sich vor Ihrem Vater schützen.»

Arbeitsunfähigkeit? Ja, Manfred H. hatte seinen Beruf als Lektor in einem Verlag für wissenschaftliche Literatur aufgeben müssen. Er war zu langsam gewesen. Er hatte alles zu genau gelesen und in den Texten zu viel korrigiert. Die Autoren hatten von ihm nicht mehr betreut werden wollen.

Darf man froh sein, einen Vater wie Albert H. losgeworden zu sein?

Der Psychotherapeut Ralf W.: «Ja, man darf. Unterdrücken Sie Ihre Gefühle nicht. Wenn in Ihnen Aggression gegenüber dem Vater ist, lassen Sie sie zu. Dieser Mann hat Ihre Persönlichkeit deformiert. Und das auch deswegen, weil er sein Auto vergötterte und Sie darüber vernachlässigte.»

Als der Psychotherapeut Ralf W. «vernachlässigte» sagte, traten Manfred H. Tränen in die Augen. An jenem Samstag, an dem er mit dem Fahrrad gegen den BMW gestoßen war – hätte der Vater da nicht etwas anderes tun müssen, als sein Auto zu waschen? Er hätte mit dem Sohn zum Fußballplatz fahren müssen. Er hätte sich das Spiel anschauen und Manfred nach der Niederlage aufmuntern müssen.

«Ja, ich bin froh, diesen Vater losgeworden zu sein!»

Aber nun war dessen Auto wieder aufgetaucht. Und während Manfred H. in der Ausstellungshalle seines BMW-Händlers den 600er noch anschaute, ungläubig anschaute, bekam er ein beklemmendes Gefühl: Wie, wenn auch der Vater wieder auftauchen würde? Wenn er gleich zur Hallentür hereinkommen würde?

Wenn der Vater nach der Arbeit *zur Haustür* hereinkam, wurde ihm oft gesagt, von der Mutter, die dann zur Verräterin wurde, was der Sohn Schlimmes getan habe. Er hatte vielleicht das Nachbarmädchen an den Zöpfen gezogen. Oder einer Katze eine leere Konservenbüchse an den Schwanz gebunden. Der Vater musterte Manfred dann wortlos, packte ihn bei der Hand und zerrte ihn die Kellertreppe hinunter. Er ging in die Mitte der Waschküche, hatte inzwischen einen Stock in der rechten Hand, mit der linken hielt er den Sohn. Der fing, wenn die ersten Schläge fielen, an zu rennen – rannte aber, da er an der Hand gehalten wurde, im Kreis herum. Der Vater drehte sich lediglich auf der Stelle und schlug und schlug. Manfred brüllte die ganze Zeit, und hinterher war der Hintern rot von Blut. Hätten Nachbarn von diesem regelmäßigen Zeremoniell gewusst, hätten sie Albert H. wahrscheinlich angezeigt. Aber der ging ja, wenn er Manfred verprügeln wollte, stets in den Keller, und von dort drang das Brüllen des Sohnes nicht nach draußen.

Der Vater kommt zur Haustür herein …

Der Vater kommt zur Hallentür herein …

Der Vater brauchte gar nicht zur Hallentür hereinzukommen, er war schon da. Er war da, wenn sein BMW 600 da war. Das Auto repräsentierte ihn. Auch es war Objekt des Hasses. Manfred H. hätte am liebsten ein Fahrrad zur Hand gehabt. Er hätte sich darauf gesetzt und wäre ganz nah an der *rechten Seite* des Autos vorbeigefahren. Er hätte einen Sturz provoziert. Wieder: Fahrrad gegen Auto. Dieses Mal: eine Delle an der rechten Seite. So sind beide Seiten verschandelt.

Manfred H. wusste es nicht, aber er war schon die ganze Zeit beobachtet worden. Von seinem BMW-Händler. Der saβ in seinem Büro, das an die Ausstellungshalle angrenzte und nur durch eine groβe Scheibe und eine Glastür von ihr getrennt war. Der Mann hatte, als er Manfred H. auf den 600er zugehen sah, zufrieden genickt. Nach einer Weile stand er auf, öffnete die Glastür und näherte sich Manfred H. «Nun, was sagen Sie zu dem Fahrzeug?», fragte er. «Es ist in all den Jahren sehr gut gepflegt worden, ein Liebhaber war am Werk. Auch technisch ist das Auto in Ordnung. Für 37000 Franken können Sie es haben.»

Manfred H. nickte anerkennend: «Ja, das Auto ist in einem gepflegten Zustand. Obwohl 37000 Franken ein stolzer Preis sind. Aber sagen Sie mal, wer hat Ihnen das Fahrzeug verkauft?»

Der BMW-Händler: «Das darf ich Ihnen leider nicht sagen. Nur so viel: Uns erreichte das Auto aus Zürich. Es wurde auf der groβen Oldtimer-Versteigerung erworben, die dort regelmäβig stattfindet. Der Käufer, oder genauer gesagt: die Käuferin, wollte aber seltsamerweise schon nach wenigen Tagen das Auto nicht mehr haben und fragte bei uns nach, ob wir es übernehmen könnten. Wir haben nach einigem Zögern ja gesagt.»

Der BMW-Händler schaute Manfred H. prüfend an, aber der merkte das nicht. Sein Blick kam von dem Auto nicht los.

Vor einer Villa rollte auf dem Garagenvorplatz ein BMW 320i aus. Es war das Ersatzfahrzeug, das Manfred H. von seiner Werkstatt für den Tag der Inspektion bekommen hatte. Am Spätnachmittag würde er es wieder gegen sein eigenes Fahrzeug eintauschen.

Während der ganzen Fahrt von der Werkstatt nach Hause hatte Manfred H. das Gefühl, im falschen Auto zu sitzen. Er hätte keinen 320i, er hätte den blau-weiβen 600er steuern müssen. Und er hätte – er wagte den Gedanken kaum zu denken, aber er hätte das Auto beschädigen müssen. Zerstören müssen. Mit ihm irgendwo gegenfahren, gegen einen Baum zum Beispiel. Doch das Auto hatte keine Knautschzone, ein Frontalaufprall wäre für den Fahrer tödlich. Mit dem Vater am Steuer, da durfte das Auto gegen einen Baum fahren. Aber nicht mit ihm, Manfred H., er wollte leben. Als Manfred H. dann zu Hause aus dem 320i stieg, dachte er: «Wenn das jetzt der 600er wäre, würde ich in den Keller gehen, einen Hammer holen und auf das Auto einschlagen. Bis es völlig zerstört ist, schrottreif.»

Eine teure Psychotherapie wäre das. 37000 Franken für die Abrechnung mit dem Vater. Aber vielleicht wärst du hinterher geheilt, Manfred H. Vielleicht wäre die Zwangsneurose, die auch deine Ehe so sehr belastet, dann weg. Der Psychotherapeut Ralf W. aus Zürich konnte dich bisher nicht heilen. Er hat dich zwar analysiert, du sahst hinterher klarer, aber dein Problem hattest du noch. Ralf W. sagte: «Die Feindschaft gegen Ihren Vater ist so tief in Ihnen verwurzelt und ist so mächtig, dass sie mit den üblichen therapeutischen Methoden nicht auflösbar ist. Vielleicht würde Ihnen eine Racheaktion helfen. Aber ich weiß nicht, noch nicht, wie sie aussehen könnte. Ich werde nachdenken, vielleicht fällt mir etwas ein.»

Manfred H.: ein mit den üblichen therapeutischen Methoden nicht heilbarer Zwangsneurotiker. Er schloss den 320i ab und prüfte hinterher, ob alle vier Türen verriegelt waren. Das Auto hatte eine Zentralverriegelung, aber der traute er nicht. Er ging auf die Haustür zu, doch kurz vorher drehte er sich um und ging zum Auto zurück. Er prüfte noch einmal, ob die Türen verriegelt waren. Bei seinem 520i machte er das auch so. Manchmal brauchte er vier oder fünf Durchgänge, bis er sich endlich von dem Fahrzeug trennen und ins Haus gehen konnte. Bambussträucher hielten die Nachbarn davon ab, diesem Ritual zuzuschauen. Bambussträucher – eigens dazu angepflanzt, damit ein Zwangsneurotiker bei seinem Tun unbeobachtet blieb! Die Bambussträucher passten vor das Haus gar nicht hin, sie verunstalteten den Vorgarten, und Lena, Manfred H.s Frau, hatte gezögert, für die Anpflanzung ihre Einwilligung zu geben. Aber schließlich hatte sie ja gesagt. Sie tat alles, was Manfred helfen konnte. Sie liebte ihn, sie wollte trotz seiner Neurose mit ihm eine normale Ehe führen. Aber das war schwer.

37000 Franken für die Abrechnung mit dem Vater …

Manfred H. war, nachdem er das Haus betreten hatte, sofort in sein Zimmer gegangen, hatte sich an den Schreibtisch gesetzt und sah nun seine Kontoauszüge durch. Über wie viel Geld verfügte er?

Über fast gar nichts.

Das hatte er vorher gewusst, er hätte sich das Durchsehen der Kontoauszüge sparen können.

Er war arbeitslos, hatte keinerlei Einnahmen, den Lebensunterhalt verdiente Lena als Lehrerin. Sie bezahlte auch die Leasingraten für den 520i.

Aber man wohnte in der eigenen Villa und hatte sogar ein Schwimmbad. Hinter Lena stand ihr Vater, ein Fabrikant, der steckte dem Töchterchen gelegentlich etwas zu.

Und er, Manfred H., was tat er? Er führte den Haushalt. Er kaufte ein und machte das Essen und machte den Abwasch und putzte das Haus, kroch dabei als Zwangsneurotiker in jeden Winkel. Er machte auch die Wäsche, er bügelte, er mähte den Rasen, er kümmerte sich um das Schwimmbad. Er machte alles, und er machte alles gründlich und gut. *Zu* gründlich und *zu* gut. Das war ja das Problem. «Ich kann in diesem Puppenhaus, wo alles immer blitzblank ist und wo nicht die geringste Unordnung sein darf, nicht mehr leben», seufzte Lena manchmal in sich hinein. Und fragte sich, ob es einen Weg gab, Manfred zu heilen.

Für das Mittagessen hatte Manfred H. an jenem Tag einen Nudelauflauf vorgesehen. Dazu sollte es Salat geben. Lena würde um halb eins aus der Schule kommen. Pünktlich auf die Minute würde dann das Essen auf dem Tisch stehen.

Würde es das?

Als Manfred H. in der Küche mit der Arbeit begann, fiel sein Blick durch das Fenster auf das Schwimmbad. In seinem Zwangsneurotiker-Gehirn hatte die Reinigung des Schwimmbads Vorrang vor dem Essenmachen. Normalerweise ließ sich an einem Vormittag beides erledigen: Schwimmbad reinigen und Essen machen. Aber an jenem Tag hatte Manfred H. ja seinen BMW zur Werkstatt gebracht und daher das Schwimmbad nicht reinigen können. *Noch nicht* reinigen können.

Schwimmbad reinigen – erst dann Essen machen. Hat sich diese Reihenfolge erst einmal im Gehirn eingefressen, ist sie nicht mehr umkehrbar. Jedenfalls bei einem Zwangsneurotiker nicht.

Schwimmbad reinigen? Im Frühling?

Im Frühling reinigt kein Mensch sein Schwimmbad, man benutzt es ja noch gar nicht. Weshalb soll es dann sauber sein? Im Frühling reinigt nur ein Zwangsneurotiker sein Schwimmbad.

Manfred H. fischte zunächst mit einem Netz alles heraus, was auf dem Wasser schwamm: jedes Insekt, jedes Blatt. Eine dreiviertel Stunde brauchte er dafür. Dann bearbeitete er mit dem Unterwasser-Sauger den Schwimmbadboden. Dort war gar kein Schmutz zu sehen, aber Manfred H. saugte trotzdem.

Es war inzwischen halb eins, Lena kam. Zu Fuß kam sie, die Schule war nicht weit.

Schwimmbad reinigen – Essen machen. Aber zum Essenmachen war Manfred H. nicht mehr gekommen. Lena gab ihm, wie er da am Beckenrand stand, die Stange mit dem Sauger in den Händen, trotzdem einen Kuss. Er tat ihr leid. Sie wusste: Er kann nicht anders. Dann ging sie in die Küche und öffnete eine Konservendose. Es würde ein Fertiggericht geben.

Man hätte meinen können: Jetzt seufzt sie wieder einmal in sich hinein. Aber das tat sie nicht. Etwas ganz anderes tat sie, sie lächelte. Man hätte sagen können, dass es ein *triumphierendes* Lächeln war.

Für einen blau-weißen BMW 600, einen Oldtimer, der in der Ausstellungshalle eines BMW-Händlers stand, bahnte sich während eines Gesprächs, das ein Ehepaar beim Mittagessen führte, Unheil an. Wieder einmal erzählte der Ehemann, ein Zwangsneurotiker, von dem Auto seines Vaters. Mindestens einmal pro Woche tat er das. Seit Beginn der Ehe. Die Ehefrau, die immer geduldig zuhörte, kannte bereits alle Geschichten. Sie hätte sie selber erzählen können.

Um jenen blau-weißen BMW 600, der in der Ausstellungshalle eines BMW-Händlers stand, ging zur gleichen Zeit, als da Ehepaar über den BMW 600 des Vaters des Ehemannes sprach, der BMW-Händler herum. Er klopfte auf das Blech und murmelte: «Schade um das Auto. Wenn ich mir vorstelle, was heute noch mit ihm passieren wird …»

Manfred H. erzählte also wieder einmal von dem 600er. Aber an jenem Frühlingstag erzählte er nicht die alten Geschichten, sondern berichtete Aktuelles: Das Auto war wieder aufgetaucht!

«Nicht zu glauben!», sagte Lena – und dachte bei sich: «Du musst jetzt gut aufpassen. Du darfst dir nicht anmerken lassen, dass du eingeweiht bist. Sonst schöpft er Verdacht und spielt das Spiel nicht mit.»

Das Spiel – zu ihm gehörte Geld, gehörten 37000 Franken. Sie lagen in dem kleinen Safe im Keller, der für Lenas Schmuck da war. Manchmal war in ihm auch Geld. Zu dem Safe hatte Manfred H. keinen Zugang, er kannte den Code nicht. Er *durfte* ihn nicht kennen, das hatte der Schwiegervater angeordnet. Der hatte, nachdem Manfred H. arbeitslos geworden war, für die Ehe Gütertrennung verlangt – andernfalls hätte er keine Unterstützungen mehr gezahlt.

Wenn ein reicher Fabrikant, der seinen Schwiegersohn für einen Versager hält, von seiner Tochter gefragt wird, ob er bereit sei, für eine Therapie dieses Schwiegersohns 37000 Franken zu zahlen …

Zuerst sagt er nein. Er sagt empört: «Ich gebe mein Geld doch nicht für einen solchen Mann her. Ich habe dich vor ihm gewarnt, erinnerst du dich? Du hättest ihn nie heiraten dürfen.»

Und dann schaut der Vater der Tochter in die traurigen Augen. Da überlegt er sich die Sache noch einmal.

In einem Safe warteten 37000 Franken darauf, in die Hände eines Zwangsneurotikers zu gelangen. Damit dieser ein Auto kaufte. Um es dann sofort mit einem Hammer zu bearbeiten.

Lena hatte einmal im Fernsehen einen Zwangsneurotiker sagen hören, dass er sich einen Arm oder ein Bein amputieren lassen würde, wenn damit seine Krankheit geheilt wäre. So gesehen, waren die Ausgabe von 37000 Franken und die anschließende Zerstörung eines Autos keine große Angelegenheit.

Nachdem die Teller mit dem Konservengericht leergegessen waren, wandte sich Lena an Manfred: «Ich habe neulich wieder Geld von meinem Vater bekommen. Ich soll es in unsere Altersvorsorge stecken. Wenn du willst, gebe ich dir von dieser Summe die 37000 für den 600er. Und dann zerdepperst du ihn. Und zerdepperst damit auch deine Zwangsneurose.»

Die Zwangsneurose zerdeppern, indem man das Auto zerdeppert. Manfred H. ballte die Fäuste. Ja, so würde es geschehen!

«Bravo», hätte der Psychotherapeut Ralf W. gesagt. «Sie sind auf dem richtigen Weg. Den BMW 600 zerdeppern: Das ist jene Racheaktion, von der ich damals nicht wusste, wie sie aussehen könnte.»

Damals wusste er es nicht. Und später?

Der Psychotherapeut Ralf W. ist ein Oldtimer-Fan. Er fährt zwar selber keinen Oldtimer, besucht aber regelmäßig die große Oldtimer-Versteigerung in Zürich. Dort sah er eines Tages einen BMW 600 stehen, blau-weiß. Das Auto war sehr gepflegt. Besitzer war ein reicher alter Herr aus dem Großbürgertum Zürichs. Der 600er war sein erstes Auto gewesen, und jahrzehntelang hatte er sich nicht von ihm trennen können. Er hatte andere Autos gefahren, große Limousinen, aber hinten in seiner Garage hatte der BMW 600 seinen Platz behalten.

Der Psychotherapeut Ralf W. rief, nachdem er das Auto gesehen hatte, Manfred H.s Frau an. «Sagen Sie mal», fragte er, «wissen Sie mit einiger Sicherheit, wo sich an dem BMW 600, der in der Kindheit Ihres Mannes eine so groβe Rolle gespielt hat, die Delle und der Blutfleck befanden?»

Lena wusste es nicht mit einiger Sicherheit, sie wusste es ganz genau.

Der BMW 600 jenes vornehmen Bürgers aus Zürich konnte sich nicht dagegen wehren, er bekam an der linken Seite eine Delle und auf der Rückbank einen Blutfleck verpasst.

Das war sein Todesurteil.

Es hätte auch schiefgehen können, dann wären 37000 Franken in den Sand gesetzt worden, aber es ging gut: Manfred H. wurde durch das Zertrümmern eines BMW 600, den er für das Auto seines Vaters hielt, von seiner Zwangsneurose geheilt. Das war meine erste Erfahrung mit Risikopsychotherapie. Sie machte mich zum Spieler; sie ermunterte mich, immer mal wieder einen groβen Einsatz zu wagen. Auch im Fall Erika A. spielte ich mit groβem Einsatz: Grabschändung. Und wieder gewann ich; nach der Grabschändung fand Erika A. allmählich in ein normales Leben zurück. Auch die Puppe Hermeline übte immer weniger Einfluss aus. *Ein* Problem allerdings blieb: das des verschwundenen Vaters. Im Falle Manfred H. hatte das Verschwinden des Vaters keine Rolle gespielt; es war mysteriös, gewiss, belastete Manfred H. aber nicht. Bei Erika A. war es anders. Sie kam auch nach Abschluss der Therapie zu mir, in unregelmäβigen Abständen, und wir sprachen dann über den Vater. Über sein Verschwinden. Dabei wechselte ich den Beruf: Ich wurde, jedenfalls für Erika A., zum Privatdetektiv.

ERIKA A. HATTE SICH **DOCH** BIS zum Sarg durchgegraben. Zu ihrem Verwundern war dieser noch in tadellosem Zustand. Nach 26 Jahren! Und was war mit der Leiche? War die auch noch in tadellosem Zustand? Erika A. überlegte, ob sie nachschauen sollte. Aber ließe sich der Sarg mit einem Spaten überhaupt aufbrechen? Anderes Werkzeug hatte sie nicht dabei. Einen *Kindersarg* bekäme man mit einem Spaten wahrscheinlich aufgebrochen. Aber diesen hier? Einen Sarg für Erwachsene?

Während Erika A. noch überlegte, im bleichen Schein des Vollmonds, ließ sich aus dem Sarg eine Stimme vernehmen: «Rühre nicht an mein Geheimnis! Es gibt Familiengeheimnisse, die man besser nicht aufdeckt. Oder willst du wirklich die Wahrheit wissen? Willst du sie wirklich herausbekommen, zusammen mit deinem Psychotherapeuten oder Privatdetektiv oder was er ist? Würdest du der Wahrheit überhaupt gewachsen sein?»

Wenn sich aus Särgen Stimmen vernehmen lassen …

Man erstarrt zunächst, dann gerät man in Panik. Man wirft den Spaten beiseite und rennt, so schnell man kann, von dem Grab weg. Läuft hinter einem nicht jemand her? Man hört einen keuchenden Atem. Man wagt nicht, sich umzuschauen. An der Friedhofsmauer angekommen, will man hinüberklettern, aber die Glieder sind bleischwer und versagen den Dienst. In seiner Not schreit man: «Mutter!» Von diesem Schrei erwacht man. Der Vollmond scheint bleich ins Schlafzimmer, man hatte vergessen, die Vorhänge zuzuziehen.

Vollmondsträume. Bleiches Licht im Schlafzimmer. Die Psyche reagiert sehr empfindlich auf solche Nächte und gibt Material aus ihren tiefsten Schichten frei. Der Psychotherapeut Ralf W. hatte Erfahrung mit Vollmondsträumen; er nahm ihre Botschaften sehr ernst. «Vielleicht sollten wir zum Verschwinden Ihres Vaters keinerlei Nachforschungen anstellen», sagte er zu Erika A. «Vielleicht sollten wir die Sache auf sich beruhen lassen. Ihre Psyche zweifelt, dass Sie der Wahrheit gewachsen wären. Hören Sie auf Ihre Psyche.»

Nein, Erika A. war nicht bereit, auf ihre Psyche zu hören. «Ich will hinter das Geheimnis kommen!», sagte sie trotzig.

Nun, dann mussten die Nachforschungen ernsthaft beginnen. Aber wie? Was konnte man tun? Bisher hatten wir nur miteinander geredet, aber noch nichts unternommen. Ich brauchte Informationen über den Vater, aber Erika konnte mir kaum welche liefern. Fotos existierten auch nicht – oder hielt die Mutter sie unter Verschluss? Erika hatte jedenfalls nie welche zu Gesicht bekommen.

Das Wenige, was Erika mir über ihren Vater hatte erzählen können, ließ sich so zusammenfassen: Der Mann hieß Jan und stammte aus Polen. Von Beruf war er Tierarzt. Er besaß in der Schweiz zunächst eine Aufenthaltsgenehmigung für Ausländer, die periodisch erneuert werden musste. Erst die Heirat mit Erikas Mutter Martha, dem einzigen Kind eines Bauern, verschaffte ihm einen sicheren

Status; verhalf ihm auch zu einem hohen Lebensstandard: der Bauer, der sein Töchterchen vergötterte, ließ dem jungen Ehepaar in der Nähe des Bauernhofs, nur 10 Gehminuten entfernt, ein Haus bauen. Ein Haus mit Tierarztpraxis. Die Lage war ziemlich einsam, weit und breit gab es keine Nachbarn – wie auch der Bauernhof inmitten von Feldern lag. 10 Gehminuten – aber der Weg führte durch einen kleinen Wald, und Erika erinnerte sich, dass sie als Kind, wenn sie zu den Großeltern wollte, diesen Weg nie gerne gegangen war; der Wald war ihr stets unheimlich vorgekommen, bedrohlich, und sie hatte immer das Gefühl gehabt, dass er ein Geheimnis barg. Erika ging aber trotzdem oft zu den Großeltern, denn der Bauernhof mit all den Tieren hatte es ihr angetan; dort konnte sie sich stundenlang verweilen. Als der Vater, noch während Martha mit Erika 2 schwanger war, auf Nimmerwiedersehen verschwand, wurde die Tierarztpraxis in eine Einliegerwohnung umgewandelt und vermietet. Aber seit einiger Zeit wohne ihre Großmutter dort, hatte mir Erika erzählt. Der Großvater, der Bauer, war schon lange tot. Und der Bauernhof verkauft.

Wie soll ein Privatdetektiv auf solche spärlichen Informationen hin tätig werden? Aber dann sah er plötzlich die Möglichkeit, an viel, viel mehr Informationen heranzukommen …

Erika A. kam zu mir mit der Nachricht, ihre Großmutter, Hedwig hieß sie, liege im Sterben. Krebs im Endstadium. Die Ärzte im Krankenhaus gäben ihr noch zwei bis drei Wochen.

«Was wird dieser Tod für Sie bedeuten?», fragte ich Erika. – Sie liebe ihre Großmutter sehr, antwortete sie. Ihr Tod werde sie deshalb tief treffen. «Oma Hedwig war ganz anders als meine Mutter, sehr verständnisvoll, und sie hat mich nie zu Erika 1 machen wollen.»

«Von Ihrer Großmutter haben Sie sicherlich Informationen über Ihre Mutter, Ihren Vater und deren Familienleben mit dem Kind Erika 1 erhalten», sagte ich.

«Nein, habe ich nicht», antwortete Erika. «Wenn ich die Sprache darauf brachte, kniff meine Oma Hedwig die Lippen zusammen und sagte nichts mehr. Irgendwann hörte ich auf zu fragen.»

Oma Hedwig darf ihr Wissen nicht mit ins Grab nehmen! Man muss sie zum Reden bringen. Sie wird auch zum Verschwinden ihres Schwiegersohns etwas wissen. «Gehen Sie zu ihr ins Krankenhaus und bitten Sie sie, zu erzählen», sagte ich zu Erika.

«Auf keinen Fall!» Die Antwort war sehr bestimmt gekommen. «Erstens will ich die sterbenskranke Frau nicht mit meinen Fragen bedrängen, und zweitens würde sie mir ohnehin nichts sagen.»

Wer hatte die Idee, dass ich mich in einen Krankenhausseelsorger verwandeln sollte? War es Erika gewesen oder ich? Jedenfalls stand diese Idee plötzlich im Raum. Krankenhausseelsorger! Ein Psychotherapeut wird zum Privatdetektiv wird zum Krankenhausseelsorger. Einem Krankenhausseelsorger vertrauen sich die Leute an, auch und insbesondere die sterbenskranken. Und war ich nicht irgendwie geeignet, als Krankenhausseelsorger aufzutreten? Immerhin hatte ich einige Semester Theologie studiert. Und dann: Psychotherapie und Seelsorge liegen dicht beieinander. Für C.G. Jung sind Religionen psychotherapeutische Systeme. Die neueren Seelsorgekonzeptionen bedienen sich sehr stark psychologischer Methoden. Früher betrieb man Seelsorge als Verkündigung. Der Ratsuchende hatte kaum den Mund aufgetan, da kam der Seelsorger schon mit dem passenden Bibelwort. Sorgen wegen der Zukunft? «Alle eure Sorgen werfet auf ihn, Gott, denn er sorgt für euch.» Prima. Aber ist dem Ratsuchenden damit geholfen? Was Theologen nicht lernten, weder im Studium noch in der praktischen Ausbildung, war *Zuhören*. Da ist das Psychologiestudium anders. Da ist auch die Therapeutenausbildung anders – Zuhören wird systematisch geübt. Und die Theologie fing glücklicherweise an, bei Psychologie und Psychotherapie in die Lehre zu gehen. Die neue Art von Seelsorge nannte man *Pastoralpsychologie*. Ein schöner Begriff. Pastor ist das lateinische Wort für Hirte; der Pfarrer ist ein Hirte – aber heute kein autoritärer mehr wie früher, sondern einer mit kommunikativen Kompetenzen.

Jetzt würde auch der Psychotherapeut Ralf W. zum Pastoralpsychologen werden. Zum pastoralpsychologisch orientierten Krankenhausseelsorger. Viel zuhören. Sparsam sein mit Ratschlägen. Nicht als Privatdetektiv ans Krankenbett treten, Ralf W.! Nicht aus der sterbenskranken Frau Informationen herausquetschen wollen! Sondern: auf die Frau eingehen; sich ihr zuwenden. Reden wird sie dann von alleine, du wirst deine Informationen bekommen …

Ein schlechtes Gewissen musste beruhigt werden. Ich wollte kein gemeines Spiel mit einer sterbenskranken Frau spielen. Aber wenn ich mich wirklich in einen pastoralpsychologisch orientierten Krankenhausseelsorger verwandeln würde, und das sollte ich können, würde mein Besuch bei Großmutter Hedwig auch für sie bereichernd sein.

BRINGT EIN KRANKENHAUSSEELSORGER für eine Patientin ein Geschenk mit – Blumen, Pralinen? Oder ist das nicht üblich? Woher sollte ich das wissen? In der Empfangshalle der Klinik gab es einen Kiosk, ich begab mich dorthin, unschlüssig. Sollte ich etwas kaufen oder nicht? Es gab nette kleine Blumensträuße, es gab auch kleine Schachteln mit Pralinen. Ich beschloss aber, nichts zu kaufen; schließlich war mein Besuch beruflicher Art. Bringt ein Arzt, der zur Visite ins Krankenzimmer kommt, ein Geschenk mit?

Aufzug, dann endloser Flur, ich ging an vielen Türen vorbei. Wie viel Leid mochte nicht hinter ihnen sein! Ein Krankenhausseelsorger kommt, um zu trösten – ich wuchs in meine Rolle hinein; ich würde Worte des Trostes für Großmutter Hedwig finden müssen.

Hat ein Krankenhausseelsorger eine Bibel dabei? Ein pastoralpsychologisch orientierter wohl eher nicht. Meine Bibel jedenfalls stand zu Hause im Bücherregal. Einige Bibelverse hatte ich jedoch im Kopf; wenn es sein musste, waren sie abrufbar. Jenen Bibelvers mit dem Werfen der Sorgen auf Gott aus dem ersten Petrusbrief würde ich allerdings auf keinen Fall zitieren, der schien mir in psychologischer Hinsicht fragwürdig zu sein. So etwas, was der Briefschreiber da sagt, funktioniert nicht. Sorgen müssen therapeutisch durchgearbeitet und nicht «weggeworfen» werden. Die Psychologie hat vieles, was in der Bibel steht, infrage gestellt. Man gerät, wenn man zugleich Theologe und Psychologe sein will, oft in Schwierigkeiten. Von Fall zu Fall muss entschieden werden: welches Denkmodell ist das richtigere?

Ich wusste es noch nicht, aber jener Besuch am Krankenbett von Großmutter Hedwig sollte meine Psychotherapie verändern. Ich war hinterher nicht mehr derselbe Psychotherapeut wie vorher. Ich kam über meinen gesamten psychotherapeutischen Ansatz ins Nachdenken. Man kann Theologie und Seelsorge von der Psychologie her infrage stellen, gewiss. Ja, man *muss* es tun. Aber es gibt auch die umgekehrte Infragestellung, und die drängte sich mir an jenem Nachmittag, als ich Großmutter Hedwig besuchte, auf. Hatte ich mich nicht im Denkansatz der Psychologie und Psychotherapie fatal festgelebt? Und musste dieser Denkansatz nicht von der Theologie her korrigiert werden? Folgte ich nicht blind einer Doktrin? Man sucht normalerweise doktringeleitetes Leben im Bereich der Religion, und das zu Recht. Wie viel gehirngewaschene Menschen laufen nicht in den Religionsgemeinschaften herum und welche bizarren Ideen haben sie! Wer sich einmal im Denkrahmen einer Religion eingerichtet hat, ist korrekturresistent. Eine Korrektur würde sein gesamtes Leben umstürzen, und das darf nicht sein. Muss man aber nicht umgekehrt an Psychologen und Psychotherapeuten die Frage richten: Seid auch ihr korrekturresistent? Habt auch ihr euch in einem Denkrahmen eingerichtet, den man nicht antasten darf? Und wohin führt dieser Denkansatz, wenn er eins zu eins ins Leben umgesetzt wird? Bei mir persönlich führte er zur Scheidung. Ich war mit einer Psychologin verheiratet gewesen, und man ahnt schon, das konnte nicht gutgehen. Nein, es ging nicht gut. Zweimal psychologisch-psychotherapeutischer Denkansatz, aber gegeneinander gerichtet – das Leben wurde zur Hölle. Alles, was der andere sagte oder tat, wurde aufs Genaueste analysiert. Das hält eine Ehe nur begrenzte Zeit aus …

Ich war an Großmutter Hedwigs Krankenzimmer angelangt und klopfte an die Tür. Hoffentlich hatte sie keinen Besuch! Eine brüchige Stimme rief: «Herein!»

Ich trat ein. Doch, es saß jemand am Krankenbett. Eine Frau. Aber die erhob sich, als sie mich sah. «Ich wollte ohnehin gehen, Mutter», sagte sie und drückte der alten Frau im Bett einen Kuss auf die Stirn. «Herrenbesuch», fuhr sie dann fort und lächelte mich an. «Darf ich fragen, wer Sie sind? Ich vermute, der Krankenhausseelsorger.»

«Ja, der bin ich», kam es über meine Lippen. Ich hatte Martha, Erikas Mutter, vor mir! In Sekundenbruchteilen versuchte ich, mir ein Bild von dieser Frau zu machen. Gesichtsausdruck, Stimme, Gestik, Kleidung – das ist es, woraus man seinen ersten Eindruck gewinnt. Ich hatte eine ganz normale Frau vor mir. Nichts Auffälliges. Und mit so einer Frau musste eine Tochter «abrechnen»? Abrechnen – dieses Wort hatte ich Erika gegenüber gebraucht. Sie sollte mit ihrer Mutter abrechnen. Durch die Grabschändung.

Ralf W., lass dich nicht durch den ersten Eindruck täuschen. Das hast du nie getan. Das ist dir in der Therapeutenausbildung ausgetrieben worden. Du hast gelernt: Man kann einem Menschen nicht ansehen, wozu er fähig ist. Auch Massenmörder können ganz harmlos erscheinen.

Nach dem ersten Eindruck der zweite. Ein bewegender, rührender. Einer, auf den auch ein mit allen Wassern gewaschener Therapeut nicht gefasst war und der ihm die Tränen in die Augen treten ließ. Tränen in den Augen? Das ist eines Therapeuten unwürdig! Das disqualifiziert ihn! Aber ich hatte ja keine psychotherapeutische Sitzung vor mir …

Großmutter Hedwig wandte sich an ihre Tochter Martha: «Betest du noch mit mir, Liebes?»

Martha zögerte, schaute mich an; wollte etwas fragen, gab sich dann aber selber die Antwort: «In der Anwesenheit eines Seelsorgers darf man am Krankenbett beten.» Sie setzte sich auf das Bett, nahm die Hände der Mutter in die ihren und sprach ein Lied aus dem Kirchengesangbuch; ein Lied, das ich von meiner Kindheit her kannte. Sie sprach alle drei Strophen:

So nimm denn meine Hände und führe mich
bis an mein selig Ende und ewiglich.
Ich mag allein nicht gehen, nicht einen Schritt;
wo du wirst gehn und stehen, da nimm mich mit.

In dein Erbarmen hülle mein schwaches Herz
und mach es gänzlich stille in Freud und Schmerz.

Lass ruhn zu deinen Füßen dein armes Kind.
Es will die Augen schließen und glauben blind.

Wenn ich auch gleich nichts fühle von deiner Macht,
du führst mich doch zum Ziele, auch durch die Nacht.
So nimm denn meine Hände und führe mich
bis an mein selig Ende und ewiglich.

Durften einem bei einem solchen Lied die Tränen in die Augen treten? Ja, sie durften; und das war vielleicht ein guter Anfang für das Gespräch, das ich mit Großmutter Hedwig führen wollte. Ich war jetzt endgültig kein Privatdetektiv mehr, der die Absicht hatte, eine alte Frau auszuquetschen.

Als ich in das Krankenzimmer eingetreten war, war ich an der Tür stehengeblieben. Dort stand ich noch immer. Von dort aus hatte ich das Gebet miterlebt. Martha erhob sich jetzt, drückte ihrer Mutter einen weiteren Kuss auf die Stirn und ging dann. Ging an mir vorbei zur Tür hinaus. Hatte mich noch einmal angelächelt und «auf Wiedersehen» gesagt.

Martha – die Mutter, die zur ihrer Tochter Erika gesagt hatte: «Ich werde dir austreiben, die Puppe Hermeline Eva zu nennen.»

Martha – die Tochter, die am Krankenbett ihrer Mutter deren Hände genommen und mit ihr gebetet hatte.

Wie sollte man das zusammenbekommen?

Für mich war Martha bisher nur Mutter gewesen. Mutter von Erika. Ich hatte Martha von Erikas Warte aus gesehen. Und verurteilt. «Mit einer solchen Frau muss eine Tochter abrechnen!»

Aber was, wenn dieselbe Martha noch eine ganz andere war?

Wenn einem Psychotherapeuten von einem Klienten eine Bezugsperson geschildert wird, sieht er diese Bezugsperson durch die Brille des Klienten. Er nimmt dessen Standpunkt ein. Er beurteilt die Bezugsperson von der Warte des Klienten aus. Aber die Bezugsperson hat auch ein eigenes Leben. Mit Verletzungen, mit verpassten Chancen, mit Sehnsüchten - all das sieht der Psychotherapeut aber nicht.

Ich sah es jetzt. Ich sah Martha immer noch am Bett sitzen, die Hände ihrer Mutter halten und beten. *Das* war Martha jetzt für mich. Das war sie jetzt *auch*. Und ich musste die Martha, die Erika die Puppe entzogen hatte, und die Martha, die am Bett ihrer Mutter gebetet hatte, zusammenbekommen.

Das lernt man in der Psychotherapieausbildung nicht: Bezugspersonen, von denen der Klient spricht, von ihrem eigenen Lebensrahmen her beurteilen. Von ihren Verletzungen, verpassten Chancen und Sehnsüchten her.

Ich holte ein Stück Therapeutenausbildung nach. Mir stand bevor, ein Mädchen Martha, eine Jugendliche Martha und eine Ehefrau Martha kennenzulernen – von der Erzählung ihrer Mutter her.

Wenn Erika A. über ihre *Mutter* Martha spricht …

Wenn Großmutter Hedwig über ihre *Tochter* Martha spricht …

«Schön, dass Sie gekommen sind, Herr Pfarrer», begrüßte mich Hedwig. «Mit mir geht es zu Ende. Aber wenn wir Christen sind, wartet ein ewiges Leben auf uns. Der Gedanke daran gibt mir Frieden.»

Was hatte ich gemeint? Ich müsse trösten? Musste ich nicht, die Frau hatte Frieden. Ihre durchsichtigen, welken Hände lagen auf der Bettdecke. Sie waren gefaltet, wie zum Gebet. Die Venen zeichneten sich dick und blau ab – diese Frau hatte ein Leben lang hart gearbeitet. Auf einem Bauernhof muss man zupacken.

«Wollen Sie mir Ihr Leben erzählen?», fragte ich. «Ich habe viel Zeit mitgebracht. Zeit zum Zuhören.»

Ich hatte auf einem Stuhl neben dem Bett Platz genommen. Hedwig ergriff meine Hand, drückte sie und sagte: «Das hört man selten, dass einer Zeit zum Zuhören hat. Selbst Martha hat nicht viel Zeit; aber ich habe Verständnis dafür, sie arbeitet ja noch. Dann das Haus, das muss geputzt werden, und Martha macht das sehr gründlich, sehr genau. Gründlich, genau – so war sie schon als Mädchen, wenn sie an den Hausaufgaben saß.»

Großmutter Hedwig war bereits beim Erzählen. Und hörte nicht auf. Nach anderthalb Stunden saß ich immer noch neben dem Bett und sie redete immer noch. Oder redete sie gar nicht, lief nicht vielmehr ein Film ab? Ralf W. hatte, als die brüchige Stimme zu reden angefangen hatte, die Augen geschlossen. So *sah* er besser. Sah er besser den Film …

DER PSYCHOTHERAPEUT RALF W. hatte das Dorf verlassen und ging durch Felder einen Schotterweg entlang, der zu einem Bauernhof führte. Der Schotterweg war ziemlich schmal, und Ralf W. ging in der Mitte. Er hätte am Rand gehen sollen, dann wäre er nicht in Gefahr geraten, von der Fahrradfahrerin umgefahren zu werden. Die klingelte zwar, aber erst, als sie unmittelbar hinter Ralf W. war. Der sprang zur Seite. Und an ihm vorbei sauste auf dem Fahrrad jemand, der auch zum Bauernhof wollte. Aber warum so eilig, Frau Bäuerin?

Wenn man eine aufregende Nachricht hat, die man so schnell wie möglich dem Ehemann, dem Bauern, mitteilen will, fährt man mit dem Fahrrad Höchstgeschwindigkeit. Und achtet nicht darauf, ob auf dem Schotterweg einer geht.

Als die Frau am Bauernhof angekommen war, war Ralf W. schon da – in einem Film ist so etwas möglich. Ralf W. war ein sehr interessierter Beobachter. Er beobachtete den Bauern Franz, wie er im Stall die Kühe melkte. Hatte er keine Melkmaschine? Nein, bei nur zehn Kühen lohnt sich die Anschaffung nicht. Viehwirtschaft betrieben Franz und Hedwig nur nebenbei, Schwerpunkt war der Getreideanbau.

Bauer Franz würde in ein bis zwei Minuten von seinem Schemel aufspringen und aus Unachtsamkeit den Milcheimer umstoßen, der Sache aber keine Bedeutung beimessen, sondern seiner Frau Hedwig entgegenlaufen und sie umarmen – so groß würde die Freude sein.

Da tauchte sie auch schon auf, Hedwig, und rief in den Kuhstall hinein: «Franz, ich bin schwanger, der Doktor hat es bestätigt!»

Umgestoßener Milcheimer, Milch, die sich auf dem Boden des Kuhstalls verteilt – egal! Hauptsache, die Ehefrau war schwanger! Fünfzehn Jahre lang hatte man zusammen auf diesen Moment gewartet. Fünfzehn Jahre lang – und die Hoffnung nie aufgegeben.

Ralf W. war völlig in das Geschehen eingetaucht. Und fieberte mit Franz und Hedwig mit, was das Geschlecht des Kindes anging. Wird es ein Junge oder ein Mädchen? Ralf W. kannte das Resultat, aber er fieberte trotzdem mit. Und hörte sich an, wie Bauer Franz von seinem künftigen Stammhalter sprach, der den Hof übernehmen sollte.

Wie ist das, fragte sich der Beobachter und Zuhörer Ralf W., wenn man ein Sohn werden sollte, aber eine Tochter geworden ist? Spürt man als Kind die Enttäuschung des Vaters? Lässt der die Tochter die Enttäuschung spüren? Der Film gab keine Antwort darauf. Er zeigte ein munteres Mädchen, das auf dem Bauernhof spielte, mit all den Tieren, das aber keine Freundin hatte. Die Kamera schwenkte auch vom Bauernhof zur Dorfschule hinüber, dort saß das brave, fleißige Mädchen Martha in der ersten Reihe und war die Beste von allen und wurde vom Lehrer gelobt.

Wenn man keine Freundin hat, braucht man eine Puppe. Ralf W. ahnte es bereits: die Puppe hieß Hermeline. Richtig! Den Namen hatte Martha selber ausgewählt. Das Mädchen und die Puppe waren unzertrennlich; Hermeline schlief mit Martha in deren Bett, hatte während der Mahlzeiten ihren Platz am Esstisch, war dabei, wenn Martha draußen mit den Tieren spielte.

In einer Geschichte, die mit einer Psychotherapie begann und dann zu einer Kriminalgeschichte wurde, zu einer Geschichte mit Mord, und in der ein Psychotherapeut zum Privatdetektiv wurde, zwischendurch zum Krankenhausseelsorger, in dieser Geschichte kamen drei Puppen Hermeline vor. Hermeline 1 gehörte zu Erika 1, Hermeline 2 zu Erika 2 und Hermeline 3 zum Mädchen Martha. Hermeline 3 – eine harmlose Puppe. Was hatte die mit einem Kriminalfall zu tun? Mit der Aufdeckung eines Mordes?

Warte ab, Ralf W. Noch ist die Geschichte nicht reif für das ernsthafte Eintreten der dritten Puppe in sie. Noch ist alles spielerisch: Hermeline 3 – mit im Bett; Hermeline 3 – mit am Esstisch; Hermeline 3 – mit dabei, wenn Martha auf dem Bauernhof mit den Tieren spielt. Viel später, schon als erwachsene Frau, wird Martha etwas ganz anderes mit der Puppe Hermeline 3 tun …

Der Film brachte jetzt Landschaftsaufnahmen: Wiesen, Felder, im Hintergrund Wald. Auf einer der Wiesen weideten Kühe; am Spätnachmittag trieb Bauer Franz sie zum Bauernhof zurück, in den Stall zum Melken. Martha, inzwischen 10 Jahre alt, half dabei. Sie klatschte in die Hände und rief: «Hopp, hopp!»

Der Bauer Franz fragte sich, ob auch eine Tochter später den Hof übernehmen könne. Er betrachtete Martha, wie sie die Kühe trieb und in die Hände klatschte und «hopp, hopp!» rief. «Das macht sie gut», dachte er. «Das ist vielversprechend.»

Der Film lief auf einmal im Schnelldurchgang. Er lief acht Jahre nach vorne; was dazwischen lag, wollte er nicht zeigen, vielleicht war es nicht so wichtig. Die Jahre vergehen, ein Mädchen wächst heran …

Und dann: die 18-jährige Martha bei einer Diskussion mit den Eltern. «Nein, ich übernehme den Hof nicht!», sagte sie und schlug mit der flachen Hand auf den Esszimmertisch. «Ich will keine Bäuerin werden; und mir einen Mann suchen, der Bauer sein muss. Ich will Lehrerin werden, wie oft soll ich euch das noch sagen?»

Franz und Hedwig, findet ein Ja zu dieser Entscheidung. Euer Bauernhof wird einmal in fremde Hände übergehen …

Aber noch war es nicht so weit, noch wurden Kühe getrieben und gemolken und Felder bewirtschaftet. Getreidefelder? Ja, aber auch Spargelfelder. Zum Spargelstechen kamen Saisonarbeiter aus Polen, der Film zeigte sie. Sie wohnten im Dorfgasthaus, einige auch in Bauer Franz' Scheune, das war billiger.

Und dann zeigte der Film *ihn*, Jan A. Auch ein Pole. Aber ein höhergestellter, ein Tierarzt, kein Spargelstecher. Äußere Erscheinung: normal. Keine Auffälligkeiten. Aber Ralf W. sagte sich: «Schließ nicht von einer normalen äußeren Erscheinung auf einen normalen Menschen. Hinter Normalität im Aussehen kann sich *alles* verbergen; kann auch ein Psychopath stecken.»

Der Tierarzt Jan A. kam zu Bauer Franz zusammen mit seinen spargelstechenden Freunden. Er war in Polen arbeitslos und wollte schauen, ob er in der Schweiz als Tierarzt tätig werden konnte; vorläufig betätigte auch er sich als Spargelstecher.

Ein Schwenk der Kamera ins Nachbardorf zu einer Tierarztpraxis. Bauer Franz kannte den Tierarzt, der betreute auch seine Kühe. Ob dieser Tierarzt vielleicht ...

Ja, er konnte. Er konnte Jan A. beschäftigen.

Der Film stockte. Großmutter Hedwig hörte auf zu erzählen. Ralf W. wartete. Wartete mit geschlossenen Augen, sah noch immer den Film an, noch einmal die letzten Szenen.

Vom Bett her kam ein Schluchzen. Wurde da jetzt geweint? Mit tränenerstickter Stimme sagte Großmutter Hedwig: «Hätte Franz doch niemals diesen Mann in die Schweiz geholt!»

Und warum nicht, Großmutter Hedwig?

Der Film gab die Antwort, er lief wieder an. Er zeigte den Tierarzt Jan A., wie er einer Kuh beim Kalben half. Ralf W. hätte erwartet, dass ihm der Film auch die angespannten Gesichter der ganzen Familie zeigte. Bauer Franz, Bäuerin Hedwig und Tochter Martha müssten um die kalbende Kuh herumstehen und hoffen, dass alles gutging, und dem Tierarzt assistieren. Es war aber nur Martha bei dem Tierarzt. Bauer Franz und Bäuerin Hedwig befanden sich bei entfernten Verwandten auf einer Hochzeitsfeier.

Es *ging* alles gut. Hinterher bot die 19-jährige Martha dem Tierarzt Jan A. an, ihm einen Kaffee zu machen. Sie dachte, das gehöre sich so.

Ja, es gehörte sich so. Es war aber trotzdem keine gute Idee gewesen ...

Der Kaffee war ausgetrunken, und Jan A. schaute Martha auffallend lange an. Dann sagte er: «Ich habe noch nie dein Zimmer gesehen. Willst du es mir zeigen?»

Noch wäre Zeit gewesen, aus der Sache herauszukommen. Vielleicht. Vielleicht wäre Jan A. aber auch in der Küche gewalttätig geworden. Jedenfalls hätte Martha sagen sollen: «Ich glaube, es ist besser, wenn Sie jetzt aufbrechen.» Und auf das geringste Anzeichen von Gewalttätigkeit hin hätte sie aus der Küche laufen müssen. Und aus der Haustür heraus, hin zum Hund Hasso, der hätte sie beschützt.

So aber nahm das Verhängnis seinen Lauf. Martha stieg mit Jan A. die Treppe hinauf zu ihrem Zimmer unter dem Dach. Es war säuberlich aufgeräumt. In einem Regal saß die Puppe Hermeline. Sie wurde Zeugin des Geschehens.

«Dürfen 19-jährige junge Frauen in ihren Zimmern noch Puppen haben?», fragte sich der Psychotherapeut Ralf W. «Oder ist das ein Zeichen einer Neurose?» - «Man muss hier unterscheiden», gab sich Ralf W. selber die Antwort. «Wenn die jungen Frauen mit ihren Puppen aus Kindertagen noch *spielen*, ist das neurotisch. Wenn die Puppen aber nur zur Dekoration des Zimmers dienen, ist das harmlos.»

Spielte Martha noch mit ihrer Puppe Hermeline? Ralf W. erfuhr es nicht. Es beschäftigte ihn auch nicht weiter, denn was der Film jetzt zeigte, nahm all seine Aufmerksamkeit in Anspruch: er zeigte eine Vergewaltigung; er zeigte eine junge Frau, die sich nach Kräften wehrte, der das aber nichts nützte; auch ihr Schreien nützte ihr nichts, denn Vater und Mutter waren ja nicht da. Erst nach zwei Tagen kamen sie wieder, und da wurde beratschlagt, was zu tun sei.

Was zu tun sei? Jan A. bei der Polizei anzeigen, was sonst?

Jan A. saß, als die Familie beratschlagte, mit am Küchentisch. Bauer Franz hatte ihn herbestellt. Und ihm bei der Begrüßung eine schallende Ohrfeige versetzt. Dann durfte er Platz nehmen; ein Häufchen Elend war er. «Wenn Sie mich anzeigen, bekomme ich meine Aufenthaltsgenehmigung entzogen und muss zurück nach Polen», stammelte er. «Tun Sie es bitte nicht.»

«Zurück nach Polen? Jawohl!», rief Bauer Franz mit Donnerstimme. Und fügte hinzu: «Aber erst nach einigen Jahren Gefängnis hier in der Schweiz.»

Bäuerin Hedwig sagte zaghaft: «Wir waren mit Jans Arbeit immer sehr zufrieden. Auch die Nachbarn reden gut von ihm ...»

Den Ausschlag würde das geben, was Martha sagen würde.

«Es ist ganz klar, was sie sagen muss», dachte der Psychotherapeut Ralf W. «Sie muss sagen: Den Mann anzeigen? Ja! Gefängnis? Ja! Ausweisung nach Polen? Ja!»

Ist das, was Psychotherapeuten denken, immer psychologisch richtig? Funktioniert die Psyche eines Menschen nicht oft ganz anders, als es die Logik erwarten lässt?

Martha nahm Jan A. gegenüber eine milde Haltung ein. Sie vergab ihm. Und sagte noch, wobei ein feines Lächeln ihren Mund umspielte: «Wenn ich schwanger werde, müssen Sie mich heiraten.»

«Versprochen!», rief Jan A. erleichtert aus. Und Bauer Franz ging zum Schrank, holte eine Flasche Apfelkorn und vier Gläser.

Hier stockte der Film. Großmutter Hedwig begann zu sinnieren: «Ich habe Martha christlich erzogen. Ich habe dem Mädchen beigebracht, was es heißt, nach den Maßstäben des Evangeliums zu leben, und dazu gehört auch, vergeben zu können. Martha *vergab* ihrem Vergewaltiger. Man muss als Christ auch demjenigen vergeben, der einem abgrundtief Böses angetan hat. Oder sehen Sie das anders, Herr Pfarrer?»

«Ich sehe es genauso», heuchelte ich. Vergeben – das widerspricht dem psychotherapeutischen Ansatz. Aber, und da meldete sich der Theologe in mir, es ist evangeliumsgemäß.

«Weil Martha vergeben gelernt hatte, vergab sie Jan auch später wieder», fuhr Hedwig fort. «Vergab Sie ihm jene zweite, noch viel schlimmere Sache.»

Kann es eine schlimmere Sache als Vergewaltigung geben?

Ja natürlich.

«Sie meinen, dass er das Kind totgefahren hat?», wollte ich wissen.

«Das Kind totgefahren? Nein, nicht totgefahren, sondern, sondern ...» Hedwig hielt mitten im Satz inne. Dann korrigierte sie sich und sagte, sagte es etwas zu schnell: «Ja sicher, das Kind totgefahren. Erika totgefahren. Genau das meinte ich.»

Ein Psychotherapeut ist geschult worden, aufmerksam hinzuhören. Auch Untertöne mitzubekommen, auch Ungesagtes. Und der Psychotherapeut Ralf W. spürte, dass bei dem, was Hedwig erzählte, etwas nicht stimmte. Sie unterdrückte etwas. Sie wollte etwas nicht preisgeben.

Familiengeheimnisse gehen auch einen Krankenhausseelsorger, zu dem man Vertrauen gefasst hat, nichts an. War es das? Sollte ein Familiengeheimnis Familiengeheimnis bleiben?

Mir war klar, dass ich Hedwig nicht zum Reden drängen durfte. Sie würde von alleine reden - oder eben nicht. Oder beim nächsten Besuch – falls sie mich wiedersehen wollte.

Hedwig schwieg. *Leider* schwieg sie; hätte sie geredet, wäre für mich alles viel einfacher geworden.

In mir arbeitete jetzt der Begriff *Vergebung*. Der Film lief weiter, aber ich nahm in nur noch am Rande wahr. Er zeigte in aller Ausführlichkeit ein Hochzeitsfest auf dem Bauernhof: Jan und Martha als Brautpaar; viele Gäste; Musik und Tanz. Der Film zeigte dann weiter, wie für das junge Ehepaar ein Haus gebaut wurde: das Hochzeitsgeschenk des Bauern Franz. Es war ein Haus mit Tierarztpraxis. Danach brachte der Film Bilder von der kleinen Erika, von Erika 1: als Neugeborenes und wie sie heranwuchs ...

Was der Film auch zeigen mochte, er fesselte mich nicht mehr. Ich suchte in meinem Gedächtnis nach dem, was ich vor vielen Jahren zum Thema «Psychotherapie und Vergebung» gelesen hatte. Beides hatte *doch* etwas miteinander zu tun. Es gelang mir, das Gelesene halbwegs zu rekonstruieren:

Amerikanische Religionspsychologen haben gezeigt, und zwar in einer Reihe von Studien, dass derjenige gesünder lebt, der vergeben kann. Das Design solcher Studien sieht so aus, dass durch Fragebogentests zunächst die grundsätzliche Vergebungsbereitschaft der Versuchsteilnehmer festgestellt wird. Dann folgt ein Input, der Ärger auslöst. Bei den Versuchspersonen, die eine hohe Vergebungsbereitschaft mitbringen, zeigt sich regelmäßig, dass die kardiovaskulären Reaktionen den Normalbereich weniger stark verlassen; der Organismus wird also weniger stark in Mitleidenschaft gezogen. Man kann durch Kernspindeltomografie sogar beobachten, wie sich bestimmte Gehirnareale Vergebungsbereiter und Nicht-Vergebungsbereiter voneinander unterscheiden. Nach einer «Vergebungstherapie» heben sich solche Unterschiede auf. Die allgemeine Erkenntnis der Neuropsychologie, dass Psychotherapie und medikamentöse Behandlung dieselben Strukturveränderungen im Gehirn hervorrufen können, gilt auch hier. Die besagten Gehirnareale sind offenbar für emotionale Schmerzverarbeitung zuständig, und ihre Überaktivität kann im Prinzip medikamentös herabgesetzt werden. Aber «Vergebungstherapie» tut's eben auch.

Vergebungstherapie. Die kam in meiner psychotherapeutischen Tätigkeit nicht vor. Vielleicht sollte sie es! Vielleicht sollte hier die Psychotherapie vom Evangelium her korrigiert werden! Ich wusste auf einmal, dass ich umdenken musste. Dass ich mich umorientieren musste. Dass ich nicht so weitermachen konnte wie bisher.

Wusste meine Klientin Erika A., wie ihre Mutter Martha an Erika 1 gekommen war? Nein, sie hätte es mir erzählt. Nun würde *ich es ihr* erzählen müssen. Und dabei würde ich auch zum ersten Mal meinen veränderten psychotherapeutischen Ansatz in Anwendung bringen …

«Erika», müsste ich sagen, «nach dem, was Sie nun von Ihrer Mutter wissen, ist es Ihre Aufgabe, für diese Frau *Verständnis* zu entwickeln. Ich will nicht infrage stellen, dass ich Ihnen riet, mit dieser Frau abzurechnen: durch die Grabschändung. Wahrscheinlich musste das sein; und dadurch wurde ja auch ein Heilungsprozess eingeleitet. Aber nun, in einem zweiten Schritt, sehen Sie doch bitte Ihre Mutter anders. Sie hatte ihrerseits ein schlimmes Schicksal – und das erklärt vieles von ihrem späteren Verhalten Ihnen gegenüber. Diese Frau, die Sie bisher unter der Projektion hassender Verneinung sahen, verdient Ihr Mitgefühl. Wenn Sie dieses Mitgefühl aufbringen, heilen die Wunden besser aus, die Ihren Ihre Mutter Martha geschlagen hat.»

Erika würde mich nach so einem Redeerguss, der ganz und gar nicht zu dem therapeutischen Vorgehen passte, das sie von mir kannte, verwundert anschauen. Und würde fragen: «Sind Sie plötzlich zum Theologen geworden?»

Ja, bin ich, bin ich, jedenfalls ein Stück weit. Ich werde in Zukunft bei meiner Therapie auch Begriffe aus dem Evangelium berücksichtigen. «Vergebung» ist so ein Begriff, «Liebe» ein weiterer. Wo kommt in herkömmlicher Psychotherapie Liebe vor? Da lachen doch die Psychotherapeuten verächtlich. Liebe hat in ihrem Denken keinen Platz. Sollte sie aber. Liebe ist evangeliumsgemäß. Immer wieder spricht Jesus, sprechen auch die Apostel von Liebe. Und das sind keine leeren Phrasen, die urchristlichen Gemeinden waren Begegnungsstätten von Liebenden. Erster Petrusbrief 4,8: «Vor allem habt eine beharrliche Liebe zueinander; denn die Liebe deckt eine Menge Sünden zu.» Eine tiefe Einsicht!

Ich riss mich von meinen Gedanken los und achtete wieder auf den Film; er brachte bewegende Bilder: Tod des Ehemanns Franz, Verkauf des Bauernhofs, Umzug Hedwigs zur Tochter Martha. Der Film lief und lief, Großmutter Hedwig erzählte und erzählte. Aber sie hatte sich den Mund trocken geredet und klingelte nach der Schwester, um ein Glas Wasser zu bekommen. Zeit für mich, aufzubrechen.

«Sie können mich gerne wieder besuchen», sagte Großmutter Hedwig zum Abschied.

Ich versprach es ihr; versprach es auch deshalb, weil ich noch mehr erfahren wollte; vor allem zum Tod der kleinen Erika und zu Jans Verschwinden.

Es kam zu keinem Besuch mehr; Großmutter Hedwig verstarb zwei Tage später.

WENN MAN NICHT VORHAT, ein Grab zu schänden, betritt man den Friedhof durch den Haupteingang. Und man kommt am hellichten Tage, nicht in der Nacht. Man hat auch keinen Spaten dabei – aber eine kleine Hacke. Um den Boden für die Blumen aufzulockern, die man pflanzen will.

Grabschändung rückgängig gemacht. Erika A. war am Grab ihrer kleinen Schwester Erika angelangt und pflanzte ihre Blumen. Das Grab war wieder in Ordnung gebracht, der Grabstein aufgerichtet. Eine Gießkanne! Erika hatte eine Gießkanne vergessen, die frisch gepflanzten Blumen mussten gegossen werden. Sie schaute sich um; nicht weit von ihr arbeitete eine ältere Frau an einem Grab; sie hatte eine Gießkanne, die konnte man sich vielleicht ausleihen.

Ja, konnte man. Und als Erika die Gießkanne zurückbrachte, sagte die Frau: «Ich habe vor einem Jahr meinen Mann verloren. Und Sie, wen betrauern Sie?» Erst jetzt sah die Frau Erika genauer an: «Sie weinen ja! Ich habe anfangs auch immer geweint. Aber allmählich gewinnt man seine Kraft zurück. Nur Mut!»

Erika A. nickte stumm und ging. Ging zurück zum Grab.

Ich hatte Erika gesagt: «Weinen gehört dazu. Je mehr Tränen fließen, desto besser. Nur wenn Emotionen ins Spiel kommen, ändert sich in uns etwas. Man muss den Mut aufbringen, sich emotional erschüttern zu lassen.»

Tränen der Wut? Tränen der Enttäuschung? Tränen der Verzweiflung? Tränen über ein zerstörtes Leben? Jetzt: Tränen der Trauer. «Erika, liebste Erika», flüsterte Erika A. «Meine kleine Schwester. So jung gestorben. Vom eigenen Vater mit dem Auto überrollt worden, furchtbar. Ich werde unsere Mutter Martha bitten, mir von dir zu erzählen. Wie du an ihrer Hand zum ersten Mal in den Kindergarten gegangen bist. Wie ihr als Familie Weihnachten gefeiert habt. Wie groß deine Freude war, als Mutter dir die Puppe Hermeline schenkte. Ich weiß viel zu wenig von dir, Erika. Ich habe nie zugehört, wenn Mutter von dir sprach. Ich will auch alles über deine Beerdigung wissen – wie unsere Mutter und unser Vater an deinem Grab standen und nicht begreifen konnten, was geschehen war. Hier, wo ich jetzt stehe, standen sie.»

Ralf W. wollte von Erika erfahren, ob sie am Grab, wie verabredet, auch zu ihrer Mutter gesprochen hatte.

Ja, hatte sie: «Liebe Mutter, ich vergebe dir. Ich vergebe dir *alles*. Was ich über dich von meinem Psychotherapeuten Ralf Wagner erfahren habe, setzte mich unter Schock. Vergewaltigt worden bist du! Meine Schwester Erika ist durch eine Vergewaltigung gezeugt worden – unfassbar! Und du hast zu dem Mann, meinem späteren Vater, Liebe entwickelt. Du wusstest, dass du durch Hass dir selber schaden würdest. Ihr habt trotz allem, so hoffe ich, ein schönes Familienleben gehabt; aber dazu werde ich dich noch befragen, du musst mir alles erzählen.»

Und die Grabschändung damals, war die überflüssig gewesen? War die vielleicht sogar falsch gewesen? Risikotherapie – war ich damit auf dem Holzweg gewesen? Hätte ich nicht von Anfang an auf Vergebung und Liebe setzen müssen?

Ganz abgesehen davon, dass damals Begriffe wie «Vergebung» und «Liebe» außerhalb meines psychotherapeutischen Denkhorizonts lagen - ich bin der Überzeugung, dass zwar theologisch-seelsorgerliches Denken in die Psychotherapie einfließen darf oder sogar muss, diese aber nicht ersetzen kann.

Also beides: Grabschändung / Grabpflege. Seinen Tränen der Wut freien Lauf lassen / seinen Tränen der Trauer freien Lauf lassen. Erika A. hatte mich, als ich ihr das erklärte, genau verstanden. Sie war sofort bereit, einen erneuten Besuch am Grab vorzunehmen; und umzusetzen, was sie begriffen hatte.

Ist es nicht gefährlich für die Psychologie und Psychotherapie, bei der Religion Anleihen zu machen? Religionen sind geschlossene doktrinäre Systeme und legen ihren Mitgliedern Schranken im Denken auf. Religion ist erst dann an ihrem Ziel angekommen, wenn sie beim Menschen über *alles* verfügt, wenn sie totalitär ist. Sehr schön kann man das beim Apostel Paulus im 10. Kapitel des zweiten Korintherbriefs nachlesen: «Die Waffen unseres Kampfes sind nicht von fleischlicher Art, sondern mächtig für Gott zur Zerstörung von Bollwerken. Wir zerstören damit Vernünfteleien und alles, was sich hoch auftürmt gegen die Erkenntnis Gottes, nehmen alles Denken gefangen und führen es zum Gehorsam gegen Christus.» Es darf im Menschen nichts geben, was der Herrschaft der Religion entzogen bleibt, vor allen Dingen keinen kritischen Verstand.

Also: die Finger von der Religion lassen, ist das die Lösung? Zum emanzipatorischen Ansatz der Psychotherapie, in dem Menschen aus krankmachenden Bindungen herausgeführt werden sollen, passt Religion nicht.

Ist die Sache so einfach und klar?

Psychologie und Psychotherapie sind ebenfalls gefährlich, vielleicht noch gefährlicher als Religion. Sie haben ein Zerstörungspotential in sich. Die gleichen Mechanismen wie in der Religion laufen auch hier ab. Psychotherapeuten dulden ebenfalls keinen kritischen Verstand, der *neben* der Therapie bleibt und sie von außen bewertet. Sie haben ebenfalls einen totalitären Anspruch. Sie sind mindestens so autoritär wie der Apostel Paulus. Wie bekämpfen sich nicht die verschiedenen psychotherapeutischen Schulen untereinander! «Wir haben die Wahrheit, ihr anderen irrt!» C.G. Jung war zuerst der Schüler von Freud, dann gerieten die beiden aneinander. Jeder hatte Recht. Die Geschichte der Psychotherapie ist eine Geschichte voll von Spaltungen und Rechthaberei. Die Schulhäupter waren allesamt kein bisschen besser als der Apostel Paulus. Und beim Apostel Paulus wird der totalitäre Anspruch durchaus gemildert. Er hat im ersten Korintherbrief Kapitel 13 das Hohelied der Liebe geschrieben. Darin heißt es: «Wenn ich mit Menschen- und Engelzungen rede, habe aber die Liebe nicht, so bin ich ein tönendes Erz und eine gellende Schelle. Und wenn ich die Prophetengabe habe und alle Geheimnisse weiß und alle Erkenntnis besitze und wenn ich allen Glauben habe, sodass ich Berge zu versetzen vermöchte, habe aber die Liebe nicht, so bin ich nichts. Die Liebe ist langmütig, sie sucht nicht den eigenen Vorteil. Die Liebe hört niemals auf.»

Haben Psychotherapeuten auch ein Hoheslied der Liebe? Und geben sie es weiter, halten sie ihre Patienten an, sich an ihm auszurichten? Sie sollten 1Kor 13 lesen. Psychotherapeuten sagen zu ihren Patienten: «Denk zuallererst an dich.» Das ist vereinzelnd, das führt von der Liebe weg. Christlich gesehen gibt es das nicht: zuallererst an sich denken. Aber es ist der Ausgangspunkt der modernen Psychotherapie und zerrüttet Beziehungen. Auch meine eigene Ehe ging daran kaputt. Ging daran kaputt, dass zwei zuallererst an sich dachten und nicht die Liebe suchten. Tanz ums eigene Ich – ein zirkuläres Unterwegs-Sein, das nirgendwo hinführt. Eine ganze Psycho-Kultur ist so unterwegs. Und überall, in vielen Büchern und in vielen Seminaren und in persönlichen Gesprächen und in Therapien, dort besonders, wird man eingeladen, mitzumachen, mitzutanzen.

1Kor 13 endet so: «Nun aber bleiben Glaube, Hoffnung, Liebe; diese drei; am größten jedoch unter ihnen ist die Liebe.» Liebe ist für Paulus wichtiger als der richtige Glaube! Als theologische Richtigkeiten! Kann ein Psychotherapeut folgenden Satz akzeptieren: «Liebe ist wichtiger als meine psychologische Theorie.»? Wohl kaum. Liebe kann in einem theologischen Referenzrahmen eher zu ihrem Recht kommen als in einem psychologischen. Psychologie ist von der Liebe weit weg. Im Neuen Testament ist immer wieder die Aufforderung zum Lieben da – aber in psychologischen Büchern?

In meiner therapeutischen Tätigkeit rangierte ab meinem Krankenbesuch bei Großmutter Hedwig die Liebe ganz oben. Und Hedwigs Enkeltochter Erika war die erste Patientin, der ich meine neugewonnene Vorstellung von Liebe vermittelt hatte.

Was hatte ich eigentlich von meinem Krankenbesuch bei Großmutter Hedwig an Erkenntnissen mitgebracht? Ich hatte einen langen Film angeschaut und dabei etwas über Vergebung und Liebe gelernt. Aber ich hatte doch Großmutter Hedwig besucht, um etwas über das Verschwinden von Erikas Vater zu erfahren! Dazu hatte Hedwig nicht die geringste Andeutung gemacht.

Ralf W., längst wieder zum Privatdetektiv geworden, besprach sich mit Erika. Hatte sie eine Idee, wie man nach dem Tod der Großmutter an Informationen kommen konnte? Die Großmutter hatte ihr ganzes Wissen mit ins Grab genommen.

Man müsse ihre Mutter Martha zum Reden bringen, meinte Erika. Die wisse mehr, als sie an die Tochter weitergegeben habe; sie verschweige etwas.

Das sah ich auch so. Aber ich sah nicht, wie man das anfangen sollte: Martha zum Reden zu bringen.

Und dann sah ich es doch. Ich teilte es Erika mit, und sie war begeistert. «Ja, so haben wir eine Chance!», rief sie aus.

IM WOHNZIMMER EINES REIHENHAUSES in einem Dorf nahe Genf saß ein Großvater neben seiner Enkeltochter auf dem Sofa und erklärte ihr Bilder aus einem Bilderbuch. Das war Sprachunterricht. Lauras Eltern redeten mit dem Kind nur Französisch, es hatte auch nur französischsprachige Bilderbücher, aber der Großvater wollte, dass es auch Deutsch lernte, und er erklärte ihm alles aus dem Bilderbuch auf Deutsch.

Der Großvater: «Das ist ein Hund, Laura; sag mal: Hund.»

Laura, auf dem Sofa hin und her rutschend: «Hund.»

Der Großvater: «Der Hund spielt mit einer Katze. Sag mal: Katze.»

Laura: «Katze.»

Der Großvater: «Katze ist im Französischen ein le-Wort, im Deutschen aber ein die-Wort; sag mal: *die* Katze.»

Laura, zum Wohnzimmertisch schauend, wo ihr Geburtstagskuchen mit den vier Kerzen stand: «*Die* Katze.» Und dann wollte sie, dass der Großvater die Kerzen anzünde. Der holte Streichhölzer, zeigte sie Laura und sagte: «Das sind Streichhölzer; sag mal: Streichhölzer.»

Laura bekam das Wort nicht ausgesprochen. Sie hatte auch keine Lust, es auszusprechen, sie wollte die Kerzen brennen sehen. Der Großvater wollte aber immer noch Deutschunterricht machen. Ein einfacheres Wort musste her: Kerzen. «Laura, sag mal: Kerzen.»

Das Reihenhaus hatte eine zum Wohnzimmer hin offene Küche; dort waren mein Sohn und meine Schwiegertochter tätig, auch meine Ex-Frau Greta; die hatte meinen Deutschunterricht mitbekommen und rief in Richtung Wohnzimmer: «Lass das Kind in Ruhe, Ralf! Siehst du nicht, dass du es überforderst?»

Ralf W.: «Sprachenlernen ist nun einmal anstrengend; aber wie wichtig ist es in der Schweiz, zweisprachig zu sein!»

Greta war inzwischen mit einem Tablett mit Kaffeegeschirr ins Wohnzimmer gekommen und deckte den Tisch.

Laura hatte noch nicht «Kerzen» gesagt; sie schaute stattdessen die inzwischen brennenden Kerzen an und klatschte vor Freude in die Hände. Was für eine Gelegenheit zum Lernen wurde da verpasst! Man lernt Sprachen am besten, wenn man die Dinge *sieht*, die man benennen soll. Also noch einmal: «Laura, sag mal: Kerzen.»

Widerwillig kam das Wort über ihre Lippen. Spätestens jetzt hätte ich mit dem Sprachunterricht Schluss machen müssen. Machte ich aber nicht. Ich sagte zu Laura: «Sag mal: die Kerzen brennen.»

Meine Ex-Frau fuhr auf Französisch dazwischen: «Laura, hör nicht auf das, was Grandpapi sagt.»

Ralf W. in unterkühltem Ton zu Greta: «Du solltest als Deutschschweizerin mit Laura Deutsch sprechen. Sie hätte diesen Satz auch auf Deutsch verstanden – dank meines Sprachunterrichts.»

Zwei Dickköpfe. Wieder gerieten sie aneinander. Auch als Geschiedene. Jeder hat Recht. Sprachunterricht geben / das Kind nicht überfordern: beides richtig.

Geht es bei einem Kindergeburtstag um Recht haben? Man ist zum Feiern da.

Seltsam, dass Ralf W. völlig außerhalb der Liebe stand. Er hatte doch in der letzten Zeit so viel über Liebe nachgedacht. Und jetzt dies. Völlige Niederlage! Wieder: die alten Verhaltensmuster. Ralf W. und Greta sahen sich am Kaffeetisch nicht an. Es hätte eine schöne kleine Runde sein können: Laura, die Eltern, die Großeltern. Jetzt war alles verdorben. Greta saß da mit saurer Miene.

So ist es, wenn man das Hohelied der Liebe verlässt. *Theoretisch* dem Apostel Paulus zu folgen, das ist einfach. Aber praktisch?

Paulus selber – folgte *er* immer dem Hohenlied der Liebe? Er hatte die Gemeinde von Korinth gegründet und war dort der Chef, auch wenn er nicht mehr anwesend war. Er ließ die Gemeinde seinen Willen durch Briefe und Boten wissen. Aber dann auf einmal tauchte ein junger, feuriger Prediger in Korinth auf, dem die Herzen zuflogen: Apollos. Er stammte aus Alexandrien, dem damaligen Zentrum der Gelehrsamkeit, und brachte ein Wissen mit, das dem des Paulus hoch überlegen war. Nicht etwa, dass Apollos etwas Falsches lehrte! Er war kein Irrlehrer. Paulus störte sich einfach nur daran, dass er in Korinth einen Konkurrenten hatte.

Auch in dieser Situation: in der Liebe bleiben, Paulus!

Aber Paulus blieb nicht in der Liebe. Er griff in einem Brief, den er nach Korinth sandte, Apollos in gemeiner Weise an. Er machte ihn runter. Damit er, Paulus, die Nummer eins blieb.

Paulus hatte sein Hoheslied der Liebe verraten!

Der Apostel hatte diesen Text immer noch *vor* sich, er hatte ihn nie hinter sich – um die Liebe ab jetzt nur noch die anderen zu lehren.

Weitere Stellen in den Paulusbriefen zeigen: Paulus war in seinem Lebensvollzug nicht auf der Höhe seiner Werke. Er kam an das, was er geschrieben hatte, mit seinem Verhalten nicht heran. Und so ist verständlich, dass der Satz, den er dem Hohenlied der Liebe unmittelbar folgen lässt, lautet: «Jagt der Liebe nach!»

Man *hat* sie nicht, die Liebe, man jagt ihr immer nach. Man kann sich nicht zufrieden im Sessel zurücklehnen und sagen: «Ich habe es geschafft, ich bin ein Liebender.» Das Höchste, was man sagen kann, ist: «Ich jage ihr nach, der Liebe. Ich falle immer wieder aus ihr heraus, aber das hindert mich nicht daran, immer wieder neu zu lieben anzufangen.»

Wie sah das Neuanfangen an jenem Nachmittag aus, als im Wohnzimmer eines Reihenhauses Kindergeburtstag gefeiert wurde und das Fest bereits verdorben war?

Ralf W. hatte eine Idee. Er fing an, auf der Tischkante Fingerspiele zu machen. Laura schaute auf die sich schnell bewegenden Finger und lachte hell auf. Zu den Fingerspielen gehörte ein kleines Lied; Ralf W. summte es zunächst, dann sang er. Sein Sohn Fred fiel ein; er kannte die Fingerspiele von seiner Kindheit her, hatte auch noch das kleine Lied im Ohr. Er versuchte auch, selber die Fingerübungen hinzubekommen, und es gelang; gelang nach so vielen Jahren.

Laura wollte erklärt bekommen, wie man die Fingerübungen ausführt. Fred machte sie ihr langsam vor und gab die Erklärungen; gab sie, ohne sich dessen bewusst zu sein, auf Deutsch. Laura machte die Fingerübungen nach, plapperte dem Vater auf Deutsch die Instruktionen nach, versuchte sich auch im Singen auf Deutsch; der Opa sollte sie, darum bat sie ausdrücklich, korrigieren.

Gretas Gesicht hatte sich längst aufgehellt. Auch sie steuerte etwas zu diesem fröhlich gewordenen Kaffeetrinken bei: einige Pantomimen. Sie stand auf, machte Gesten und Laura musste raten, was gemeint war. Sie riet auf Französisch, und Ralf W. hütete sich einzugreifen. Hütete sich, einen Satz zu sagen wie: «Laura, sprich doch weiter Deutsch. Du kannst das schon sehr gut.»

Ein Psychotherapeut darf Dritten gegenüber nicht von seiner Arbeit sprechen. Er darf ihnen keine Fallgeschichten erzählen – es sei denn, die Patienten gäben die Erlaubnis dazu. Erika A. hatte mich autorisiert, meiner Ex-Frau alles über sie, Erika A., und ihre Familie zu erzählen. Greta musste im Bilde sein, um in das Spiel eintreten zu können. Um an entscheidender Stelle mitspielen zu können. Aber würde sie das überhaupt wollen – mitspielen? Drängen konnte man sie nicht, das hatte man nie gekonnt. Meine einzige Chance bestand darin, ihr den Fall so interessant wie möglich zu schildern. Und das mysteriöse, spurlose Verschwinden eines Menschen ist an sich schon interessant genug.

Greta hörte aufmerksam zu. Wir hatten uns nach dem Geburtstagskaffeetrinken zurückgezogen, Greta und ich. Ins Gästezimmer. «Deine Mutter und ich müssen etwas besprechen», hatte ich zu meinem Sohn gesagt.

Da saßen wir nun. Ich erzählte und erzählte und spürte, dass Greta von der Geschichte gepackt wurde. Ja, sie war bereit mitzumachen. War bereit, in das Spiel einzutreten und die ihr zugedachte Rolle zu spielen …

DAS AUTO EINER RESILIENZFORSCHERIN blieb vor einem Haus stehen, das eine Einliegerwohnung hatte, die früher eine Tierarztpraxis gewesen war. Die Resilienzforscherin griff nach einem Fragebogen, der auf dem Beifahrersitz lag, und stieg aus dem Auto. Langsam, etwas *zu* langsam, ging sie auf das Haus zu. Sie wollte schauen; insbesondere wollte sie sich den Garagenvorplatz anschauen, auf dem vor vielen Jahren ein Kind totgefahren worden war. Vom eigenen Vater. Beim Rückwärts-Heraussetzen aus der Garage. Während das Kind auf dem Garagenvorplatz mit bunter Kreide Bilder malte. Dem prüfenden Blick der Resilienzforscherin fiel auf, dass der Garagenvorplatz gepflastert war, nicht asphaltiert. Wenn man auf einem gepflasterten Garagenvorplatz malen möchte, stößt man ständig auf Rillen. Macht Malen da Spaß? Die Resilienzforscherin kam ins Nachdenken …

Resilienzforscherin? Was ist Resilienz?

Von Sigmund Freud an bis in die allerjüngste Zeit war Psychologie im Grunde Traumata-Psychologie; sie war fixiert auf seelische Verletzungen. Man könnte auch sagen: Psychologie war defizitorientiert. Seit einiger Zeit gibt es jedoch eine Wende. Immer wieder stößt man auf den Begriff Resilienz, der ungefähr dies ausdrücken will: Widerstandsfähigkeit. Bei genauerem Hinsehen stellt man fest, dass viele Menschen ihre Krisen eigentlich recht gut meistern. Die innere Widerstandsfähigkeit ist, so sagt man, größer, als es die Forschung bisher gesehen hat. Martin Seligman stellt der defizitorientierten Psychologie eine ressourcenorientierte gegenüber, die er «Positive Psychologie» nennt. Hier wird abgehoben auf Glück, Optimismus, Geborgenheit, Vertrauen usw., und es wird gefragt, wie wir durch den Rückgriff auf die eigenen Ressourcen all dies erreichen können.

Resilienz ist ursprünglich ein physikalisch-technischer Begriff und bezeichnet in der Werkstoffkunde die Fähigkeit eines Materials, nach einer Verformung in die ursprüngliche Form zurückzukehren. Gute Übersetzungen von Resilienz sind demnach «Elastizität», «Spannkraft».

Erste Untersuchungen zur Resilienz gehen auf die Mitte des 20.Jahrhunderts zurück, wurden damals allerdings noch nicht allgemein beachtet. Angefangen hat die Resilienzforschung auf dem Gebiet der Entwicklungspsychologie. Man stellte verwundert fest, dass längst nicht alle Kinder, die unter traumatisierenden Bedingungen aufwuchsen, später auch tatsächlich traumatisiert waren. Etwa ein Drittel war es nicht. Dieses Drittel hatte den Traumatisierungsfaktoren genügend Widerstandskraft entgegengesetzt. Von der Entwicklungspsychologie aus wurde der Begriff Resilienz dann generalisiert; er wird heute ganz allgemein für Widerstandsfähigkeit in Krisensituationen gebraucht.

Schon in den frühen Untersuchungen zeigte sich, dass Resilienz nichts Statisches ist. Resilienz kann sich beim Individuum während des Lebenslaufs verändern, kann in den verschiedenen Arten von Krisen verschieden ausgeprägt sein, und außerdem ist Resilienz lernbar. Dieser letztgenannte Aspekt, die Lernbarkeit von Resilienz, hat größtes Interesse auf sich gezogen. Die Frage lautet: Wie schaffen wir es, resilienter zu werden? Wie kommen wir aus unserer Verwundbarkeit heraus?

In der Resilienzforschung interviewt man Menschen, die Schicksalsschläge hinter sich haben. Man möchte wissen, welche Auswirkungen der Schicksalsschlag im Seelenleben hatte. Man fragt nach Bewältigungsstrategien: «Wie sind Sie mit diesem Schicksalsschlag umgegangen?» Aus den individuellen Bewältigungsstrategien versucht man, allgemeine Regeln abzuleiten: diese oder jene Einstellung muss man einnehmen, um eine Krise zu überwinden.

Meine Ex-Frau Greta war zwar Diplompsychologin, aber keine Resilienzforscherin. Als eine solche sollte sie sich aber ausgeben, so unser Plan, um an Erikas Mutter heranzukommen. Gewiss hatte Greta Kenntnisse zur Resilienz, aber sie war keine Spezialistin. Ihren Fragebogen hatte sie selber entworfen, abgestimmt auf ihre Gesprächspartnerin und auf das, was sie ihr entlocken wollte.

Greta führte nicht etwa eine Reihenuntersuchung durch, wie sie es Martha glauben machen würde; nur für ein einziges Interview schlüpfte sie in die Rolle der Resilienzforscherin.

Sind 26 Jahre nach dem traumatisierenden Ereignis, dem Tod des Kindes, nicht eine zu lange Zeitspanne, um bei einem Interview noch zu verwertbaren Aussagen zu kommen?

Im Gegenteil, die Resilienzforschung arbeitet mit langen Zeiträumen. Wie hat sich das traumatisierende Ereignis im Laufe der Jahre und Jahrzehnte auf die Persönlichkeit ausgewirkt? Es gibt Leute, die sagen: «Ich laufe nach Jahrzehnten immer noch nur mit Notstrom. Ich habe meine frühere Lebendigkeit nie zurückgefunden.» Und da setzt der Psychologe / die Psychologin ein und fragt: «Warum nicht? Liegt das vielleicht an Ihnen und nicht an dem Ereignis?» So kann ein Resilienzinterview in Beratung übergehen. Und vielleicht würde das ja bei Martha passieren.

Garagenvorplätze können gepflastert oder asphaltiert sein. Und auf gepflasterten Garagenvorplätzen können Kinder schlecht malen.

Greta hatte angefangen, mir von ihrem Besuch bei Erikas Mutter Martha zu erzählen. «Teil mir jede Einzelheit mit», hatte ich sie gebeten, und die erste Einzelheit war der gepflasterte Garagenvorplatz. Dieser Garagenvorplatz war es, der zuallererst in mir den Verdacht aufkommen ließ, dass an der Geschichte vom Überfahren des Kindes, wie ich sie bisher kannte, etwas nicht stimmte. Ich hatte auch schon eine Idee, wie ich diesen Verdacht erhärten oder aber entkräften konnte …

Ich war zu Besuch bei Greta. Sie wohnte immer noch in dem Haus, das wir als Ehepaar gemeinsam bewohnt hatten – mit unserem Sohn Fred. Jetzt, wo sie alleine lebte, war das Haus zu groß für Greta. Aber sie blieb trotzdem dort wohnen. Ich hatte, bevor wir uns im Wohnzimmer niederließen, einen Rundgang gemacht. Oben im Dachgeschoss: mein ehemaliges Arbeitszimmer; verwaist; als Gästezimmer benutzt, aber Greta hatte selten Gäste. Freds Kinder-, später Jugendzimmer: jetzt Nähzimmer, aber nähte Greta? Als wir noch über wenig Geld verfügten, hatte sie sich manches Kleidungsstück selber genäht; später nicht mehr. Der Keller: zur Rumpelkammer geworden; ich hatte hier immer für Ordnung gesorgt.

Ralf W. würde wieder in das Haus einziehen müssen! Und dann: ein Leben als Großeltern leben; bald würden beide, Greta und Ralf, in Rente sein; sie könnten öfter Fred und seine Familie einladen; ein zweites Enkelkind war unterwegs, das Haus würde sich wieder füllen, jedenfalls dann und wann; Kinderlachen würde zu hören sein.

Was ein alternder Psychotherapeut so für Ideen hat …

Immerhin, er hat entdeckt oder neu entdeckt, wie wichtig Liebe ist.

Vorerst saßen Greta und Ralf im Wohnzimmer bei einer Tasse Tee. Greta hatte also angefangen, mir von ihrem Besuch bei Erikas Mutter Martha zu erzählen, kam aber erst einmal über den Garagenvorplatz nicht hinaus. Kam nicht einmal bis zur Haustür, um dort zu klingeln.

Der Garagenvorplatz. Gepflastert. Ralf W. fragte: «Darf ich einmal telefonieren? Mit Fred?»

Er durfte.

Ralf W. sagte zu Fred: «Ihr habt doch einen gepflasterten Garagenvorplatz, nicht wahr? Oder ist er asphaltiert?»

Er war gepflastert, ich hatte es richtig in Erinnerung.

Ralf W.: «Fred, ich kann dir den Grund für meine folgende Bitte nicht nennen, Berufsgeheimnis. Aber könntest du einmal Laura mit farbiger Kreide auf eurem Garagenvorplatz aus einem Bilderbuch Bilder abmalen lassen und sie dabei beobachten?»

Fred: «Wir haben keine farbige Kreide im Haus, aber ich werde welche kaufen. Ruf in einer Woche noch einmal an, dann sage ich dir, wie Laura gemalt hat.»

Wie hatte Laura gemalt? Nach einer Woche wusste ich es und rief sofort Greta an.

Laura hatte nach wenigen Minuten die Kreide beiseitegelegt. «Man kann hier nicht malen, es gibt zu viele Rillen», hatte sie gesagt.

Greta und ich überlegten am Telefon: Erika war beim Malen auf dem Garagenvorplatz 6 Jahre alt gewesen, Laura war 4. Hat ein 6-jähriges Mädchen gegenüber Rillen mehr Beharrungsvermögen als ein 4-jähriges? Oder verweigert auch eine 6-Jährige das Malen?

Etwas stimmte nicht, diesen Verdacht hatten wir jetzt beide. Was könnte man auf diesen Verdacht hin unternehmen?

Aber noch war es eine Woche früher und wir saβen in Gretas Wohnzimmer und sie erzählte von ihrem Besuch bei Martha. Sie klingelte also an der Haustür.

Im Flur waren Schritte zu hören, eine Frau öffnete und sagte, noch ehe Greta sich hatte vorstellen können: «Sie kommen unpassend. Können Sie eine Viertelstunde warten? Dann bin ich mit meiner Nachhilfestunde fertig.»

Martha gab Nachhilfestunden. Das wussten Greta und ich bereits, Erika hatte es erzählt. Martha hatte ursprünglich Lehrerin werden wollen, aber das Kind war dazwischengekommen, und sie hatte auf ein Studium an der Pädagogischen Hochschule verzichtet. «Aber sie wollte trotzdem unterrichten», hatte Erika gesagt, «und da kam sie auf den Gedanken mit den Nachhilfestunden. Die Dorfschule schickte ihr und schickt ihr immer noch Kinder mit Lernschwierigkeiten.»

Greta ging vor dem Haus auf und ab. Endlich öffnete sich die Haustür, ein Mädchen kam herausgesprungen und lief in Richtung Dorf. In der Haustür stand Martha. «Entschuldigen Sie, dass ich Sie habe warten lassen», sagte sie. «Was ist Ihr Anliegen?», fragte sie dann, und Misstrauen war in ihrer Stimme.

Jetzt keinen Fehler machen! Ein falsches Wort, und Martha könnte die Tür zuschlagen. Aber man ist ja Psychologin. Man ist geschult darin, Gespräche zu beginnen.

«Ich komme wegen eines Kindes», sagte Greta und schaute dem Mädchen hinterher.

Martha: «Aha. Sie wollen mich als Nachhilfelehrerin engagieren, ist es das?»

Greta schüttelte den Kopf. «Dieses Mädchen», sagte sie und deutete auf das Kind, das noch zu sehen war, aber jetzt zwischen Bäumen und Sträuchern verschwand, «dieses Mädchen ist nur wenig älter als ihre Tochter Erika, als Sie sie verloren haben.»

Martha, aus der Fassung geraten: «Wer sind Sie? Was wissen Sie? Und was wollen Sie von mir?»

Greta: «Darf ich hereinkommen? Dann erzähle ich Ihnen alles.»

Sie durfte.

So verschafft man sich Zugang. So ist gewährleistet, dass man nicht umsonst gekommen ist. Martha *musste* Greta hereinlassen, denn sie wollte wissen, woher diese Frau ihre Informationen hatte und weshalb sie gekommen war.

Woher sie die Informationen hatte? «Unser psychologisches Forschungsinstitut wertet alte Zeitungsberichte zu Unglücksfällen aus», sagte Greta, als sie im Wohnzimmer Martha gegenübersaβ. «Dabei sind wir auch auf Sie gestoβen. Sie haben vor 26 Jahren Ihre Tochter verloren.»

«Und weshalb interessiert Sie Erikas Tod?»

Greta: «Uns geht es nicht in erster Linie um den tragischen Tod Ihres Kindes, sondern darum, wie Sie als Mutter mit diesem Tod fertiggeworden sind. Über die Jahre und Jahrzehnte hinweg.» Und dann bekam Martha einen Kurzvortrag über Resilienz und Resilienzforschung zu hören. Sie folgte ihm aufmerksam. Greta sah ihrem Gesicht an, dass sie gewonnen hatte; dass Martha sich interviewen lassen würde.

Greta hatte gewonnen. Immer gewann sie. Sie hatte ihre Taktiken, anderen Menschen ihren Willen aufzuzwingen. Durch geschickte Gesprächsführung; durch die Wahl des richtigen Anknüpfungspunktes; durch eine gut bemessene Dosis Ärger und durch wer weiß was sonst noch. Gegen diese Frau kam man nicht an. Gegen sie war Ralf W. nicht angekommen. Aber im Fall Martha war es ja gut, dass sie sich durchgesetzt hatte. Dass sie den richtigen Anknüpfungspunkt gefunden hatte. Ralf W., raff dich dazu auf, ihr zu ihrer Strategie zu gratulieren. So etwas hast du noch nie getan; aber tu es jetzt; tu es aus aufrichtigem Herzen.

Ralf W. tat es: «Greta, wie du den Zugang zu dieser Frau gefunden hast! Bewundernswert! Ich gratuliere! Ich weiß nicht, ob ich dazu in der Lage gewesen wäre.»

Greta schaute mich ungläubig an. Eine Äußerung dieser Art aus meinem Munde überraschte sie. «Danke», sagte sie und strich sich den Rock glatt. Eine unwillkürliche, bedeutungslose Bewegung. Bedeutungslos für sie, nicht für mich. Einen Augenblick lang waren ihre Hände an ihren Oberschenkeln gewesen. Was wäre, wenn *meine Hände* dort gewesen wären? Um den Rock glattzustreichen? Oder besser: um ihn hochzuschieben?

Von einem Moment zum andern kam sie über mich, die Lust auf Greta. Martha war vergessen. Der verschwundene Ehemann ebenfalls. Meine Tätigkeit als Privatdetektiv? Man darf sich als Privatdetektiv auch einmal ablenken lassen. Von den Oberschenkeln der Ex-Ehefrau. Aber wie kommt man an sie heran? An die Ex-Ehefrau und ihre Oberschenkel? Der letzte Geschlechtsverkehr lag Jahre zurück. Schlafen mit Greta, das war kompliziert gewesen. Da setzten sich die Machtspiele fort, da setzte sich das Psychologisieren fort. Irgendwann hatte ich mir gesagt: «Ich lasse die Finger von dieser Frau.» Obwohl Greta attraktiv war. Und sie war es jetzt im Alter immer noch.

Wenn eine Frau im Sessel sitzt und man möchte ihr den Rock glattstreichen oder hochschieben, welche Position nimmt man dann ein? Auf einer Couch wäre das einfach, man würde sich neben sie setzen. Aber Greta saß nun einmal in einem Sessel. Da gab es zwei Lösungen: entweder sich neben sie stellen und herabbeugen oder sich neben sie hinknien. In die Hocke gehen? Nein; wenn schon, denn schon: hinknien. Aber das wäre ein Unterwerfungsgestus. Unterwerfungsgestus – so etwas hatte jeder von uns stets vermeiden wollen. Schon die Frage nach der Position: «Wer ist oben, wer ist unten?» war für uns eine Sache von Überordnung/Unterordnung gewesen. Und wurde diskutiert. Dieses ewige Diskutieren vor und nach dem Geschlechtsverkehr, womöglich noch während! Irgendwann hast du keine Lust mehr. Aber ich hatte jetzt Lust. Und war bereit zur Unterordnung. Greta wollte mit Martha weitermachen, aber ich wollte von jener Frau nichts mehr hören, ich stand auf einmal neben Greta; *stand zunächst* und legte meinen Finger an ihre Lippen. Dann kniete ich mich hin. Neben den Sessel.

So weit kann es mit einem kommen. Du überlegst nicht mehr, du folgst einem Impuls. Was sollte Greta jetzt von mir denken? Der stolze Ex-Ehemann vor ihr – *neben* ihr – auf den Knien. Diese Position kannte sie nicht von mir, wie würde sie reagieren?

Meine Hände strichen zunächst den Rock *glatt* – obwohl es dort gar nichts glattzustreichen gab. Dann die Gegenbewegung: meine Hände schoben den Rock hoch. Da fing sie an zu reagieren. Mit leichtem Stöhnen. Sie nestelte am Rockverschluss, löste ihn und schob sich, immer noch im Sitzen, den Rock herunter. Ich half ihr dabei, ich zog. Dann erhob sie sich. Stand vor mir in Strumpfhose und Höschen. Ich kniete noch und schaute zu ihr auf. Sie reichte mir die Hand und zog mich hoch. Wir standen uns einen Augenblick lang gegenüber, dann drängten sich die Körper aneinander. Alles geschah schweigend. Mit Stöhnen, aber schweigend.

Welch ein Gegensatz zu früher! Da wurde vorher diskutiert. Da wurde wenig gestöhnt, aber viel diskutiert.

Auch hinterher wurde nicht diskutiert. Wir nahmen wieder in unseren Sesseln Platz, saßen uns wieder gegenüber, und Greta nahm den Erzählfaden wieder auf.

Bevor sie sich gesetzt hatte, hatte sie mir übers Haar gestrichen. Das hatte sie noch nie getan.

Das Interview mit Martha also. Aber kam es überhaupt zu einem Interview? Arbeitete die Resilienzforscherin Greta ihren Fragebogen ab? Nein, Martha redete auch so. Sie erzählte die Geschichte, die bereits ihre Mutter Hedwig erzählt hatte: Kindheit auf dem Bauernhof; fleißig in der Schule; der Wunsch, Lehrerin zu werden – das schon früh; keine Freundin, aber eine Puppe – eine große, schöne Puppe mit dem Namen Hermeline.

Da war sie wieder, die Puppe. Die dritte Puppe. Greta, als geschulte Psychologin, spürte Martha ab, dass bei der Puppe Emotionen im Spiel waren. «Nachhaken!», sagte sie sich und fragte Martha, tat es in möglichst beiläufigem Ton, ob sie die Puppe noch habe. «Wenn man als Mädchen eine Puppe sehr geliebt hat, bewahrt man sie manchmal als erwachsene Frau noch auf. Ist das bei Ihnen vielleicht der Fall?»

Ja, es war der Fall. Martha erhob sich, sagte: «Warten Sie einen Moment, ich gehe in den Keller» und verschwand. Um wenig später mit Hermeline zurückzukommen.

Hermeline 3! Erika 2 hatte von Hermeline 3 nichts gewusst. *Ich* wusste inzwischen von Hermeline 3, Hedwig hatte ja von ihr erzählt. Und Greta *sah* jetzt die Puppe. Sie hatte es geschafft, dass Martha ihr etwas zeigte, was diese bisher sorgfältig verwahrt und nicht einmal ihrer zweiten Tochter gezeigt hatte.

Greta – eine gute Psychologin. Eine Gewinnerin. Jemand, der andere Menschen dazu bringen kann, ihr sorgfältig verwahrte Sachen zu zeigen, die an sich keiner zu sehen bekommt.

«Darf ich die Puppe einmal haben?», fragte Greta.

Sie durfte. Sie durfte die Puppe, die ein rosa Kleidchen trug, in die Hand nehmen. Ihr fiel auf, dass auf dem rosa Kleidchen gelbliche Flecken waren. Verblichene gelbliche Flecken. Die Puppe musste früher einmal mit etwas besudelt worden sein. Greta tat so, als sähe sie die Flecken nicht. Sie spürte, dass sie an etwas nicht rühren durfte.

Was hatte es mit den verblichenen gelblichen Flecken auf sich?

Ich stand aus meinem Sessel auf und ging in Gretas Wohnzimmer umher. «Puppe, rosa Kleidchen, gelbliche Flecken», murmelte ich. «Vielleicht ist die Puppe auf dem Bauernhof beim Spielen irgendwann beschmutzt worden. Martha nahm sie ja, so hat mir ihre Mutter Hedwig erzählt, mit nach draußen, wenn sie mit den Tieren spielte. Vielleicht ist die Puppe in Hühnerkot gefallen.»

Greta schüttelte den Kopf. «Das ist es nicht», sagte sie sehr bestimmt. Aber *was* es war, das wusste auch sie nicht.

Ich setzte mich wieder. «Versuch dich genau zu erinnern, wie Martha sich verhielt, als du die Puppe in den Händen hattest», sagte ich.

Greta: «Da schaute ich die Puppe an und nicht Martha.»

«Und als du ihr die Puppe zurückgabst, zeigte sie da eine Reaktion?»

Greta, spontan: «Nein. Was hätte sie auch für Reaktion zeigen sollen?»

Sie zeigte *doch* eine Reaktion, das fiel Greta nach einigen Augenblicken des Nachdenkens ein. «Martha sagte zu mir, ich möge sie entschuldigen, ging in die Küche und wusch sich die Hände. Sehr sorgfältig tat sie das.»

Greta hatte dem Händewaschen keine Bedeutung beigemessen. Jetzt tat sie es. Ich tat es ebenfalls. Nur wussten wir nicht, worin die Bedeutung bestand.

Greta erzählte weiter. Sie erzählte, was Martha ihr erzählt hatte und Ralf W. schon wusste: Vergewaltigung, Schwangerschaft, Heirat, Kind, Haus mit Tierarztpraxis, Totfahren des Kindes, Verschwinden des Ehemanns. Und danach: Umwandlung der Tierarztpraxis in eine Einliegerwohnung.

Kann die Umwandlung einer Tierarztpraxis in eine Einliegerwohnung für einen Privatdetektiv eine interessante Sache sein? Eine wichtige Sache für den Fall, den er bearbeitet? Ja, kann sie. Wenn diese Umwandlung *zu früh* stattfindet.

Verschwindet der Ehemann, beginnt für die Ehefrau eine Zeit des ängstlichen Wartens. Was ist passiert? Wann kommt er zurück? Kommt er überhaupt zurück? Nachforschungen werden angestellt. Die Polizei wendet sich mit einem Foto und einer Beschreibung des Mannes an die Bevölkerung.

Das ängstliche Warten der Ehefrau dauert Monate, wenn nicht Jahre. Lange, lange wird die Hoffnung nicht aufgegeben, dass der Mann wieder auftaucht. Und erst dann, wenn er *wirklich* nicht mehr kommt, wird seine Tierarztpraxis in eine Einliegerwohnung umgewandelt.

So war es aber nicht. Greta hatte von Martha erfahren, dass diese Umwandlung unmittelbar nach dem Verschwinden des Ehemanns bei einem heimischen Architekten in Auftrag gegeben worden war.

Martha hatte zu Greta gesagt: «Ich geriet nach dem Verschwinden meines Ehemanns Jan in finanzielle Schwierigkeiten. Ich hatte, außer dem Geld aus meinen Nachhilfestunden, kein Einkommen. Meine Eltern halfen mir, so gut sie konnten, aber auch das reichte nicht. Da kam ich auf den Gedanken mit der Einliegerwohnung. Ziemlich groß könnte sie werden, sagte der Architekt, und das bedeutete hohe Mieteinnahmen. Ich erteilte sofort den Auftrag. Drei Monate nach Jans Verschwinden war die Wohnung bezugsfertig und ich kam aus den finanziellen Schwierigkeiten heraus. Zwar musste eine Hypothek abgezahlt werden, aber die Raten belasteten mich nicht zu sehr.»

Nach drei Monaten war die Existenzgrundlage des Ehemanns Jan vernichtet! So konnte man es sehen. So sahen Greta und ich es, als wir über die Sache diskutierten.

Es war inzwischen Abend geworden. Greta hatte eine einfache Mahlzeit zubereitet: Brot, Käse, Wurst, und wir saßen am Esszimmertisch.

Ralf W.: «Die Frau rechnete ab dem Verschwinden des Mannes nicht mehr mit seiner Rückkehr.»

Greta: «So muss es gewesen sein.»

Ralf W.: «Sie hat dir nicht alles erzählt.»

Greta: «In diesem Punkt bestimmt nicht.» Und dann fuhr sie fort: «Martha ist therapiebedürftig. Hinter ihrer starken Fassade ist sie schwach und gebrochen, sie braucht Hilfe. Für deine Patientin Erika war sie die starke Mutter, an der Erika litt. Aber Martha war in Wirklichkeit eine schwache, leidende Person. Mit ihrer Stärke überspielte sie ihre Schwäche.»

Ich legte mein Wurstbrot aus der Hand. Was hörte ich da? Ich hörte eine luzide psychologische Analyse. Dass ich auf diese Analyse nicht selber gekommen war! «Gratuliere», sagte ich zum zweiten Mal an diesem Tag zu Greta. «Du hast die Frau richtig erfasst.»

Martha war therapiebedürftig? In einer Therapie gibt es kein Ausweichen mehr. In einer Therapie muss die Wahrheit auf den Tisch. Ohne Wahrheit keine Heilung. Was hatte Martha zu verbergen? Was hatte sie 26 Jahre lang verborgen? Ein Therapeut würde es erfahren. Aber er durfte keine Therapie beginnen, um aus der Frau ihr Geheimnis herauszulocken; das verbot die Standesethik; außerdem würde sich der Therapeut, verfolgte er solche Absichten, unglaubwürdig machen. Patienten haben ein feines Gespür für die Authentizität von Therapeuten.

Aber Greta war mit ihrem Bericht über ihren Besuch bei Martha noch nicht fertig. Wie hatte diese Frau den Verlust ihrer Tochter bewältigt?

Gut, sehr gut habe sie ihn bewältigt, sagte Martha. Sagte es etwas zu schnell. Und mit etwas zu viel Sicherheit. «Ich bekam ja kurze Zeit nach Erikas Tod eine zweite Tochter, der ich all meine Liebe schenken konnte. Diese zweite Tochter nannte ich wiederum Erika.»

Diese Antwort war für Greta zu glatt. An der rutschte sie ab. Individuelle Bewältigungsstrategien, mit denen auf einen Schicksalsschlag reagiert worden war und aus denen man Regeln ableiten konnte, wie ganz allgemein mit Schicksalsschlägen umzugehen sei? Martha fiel als Modell aus. Sie hatte ihrer Aussage nach nicht viel gelitten. Sie hatte nichts Schweres durchgemacht. Sie hatte sich sofort Trost verschafft – mit einer zweiten Tochter Erika.

Ich war jetzt bei einem Käsebrot; auch das legte ich aus der Hand. «Du hast dieser Frau ihre stoische Gelassenheit nicht abgenommen?», fragte ich Greta.

«Nein, natürlich nicht, Ralf. Aber wie sollte ich an Martha herankommen? Wie sollte ich hinter ihre Fassade gelangen? Ich wusste es nicht. Es war auch nicht meine Aufgabe.»

«Nein, es war nicht deine Aufgabe», gab ich zu. «Aber ihr Therapeut müsste hinter die Fassade gelangen.»

Gretas Gespräch mit Martha war nicht in eine Beratung übergegangen. Das hieβ aber nicht, dass Martha keine Beratung oder Therapie brauchte. Sie brauchte so etwas dringend, da waren Greta und ich uns einig.

Nach dem Abendessen holte Greta eine Flasche Wein aus dem Keller. Wir zogen uns auf die Couch zurück, tranken den Wein und schauten Fotoalben an. Dazu rückten wir eng aneinander. Wenn wir an diesem Tag nicht schon miteinander geschlafen hätten, wäre das die Überleitung dazu gewesen. Aber so blieb die körperliche Nähe ohne Folgen. Blieb sie das? Wir erzählten uns zu den Fotos die alten Geschichten, wir frischten Erinnerungen auf, wir lachten, wir wurden auch mal ernst. Also doch *Folgen* der körperlichen Nähe – emotionale Folgen. Wir verstanden uns auf einmal wieder. Am Ende des Abends, als ich aufbrechen wollte, sagte Greta: «Bleib bei mir. Bleib für die Nacht hier.»

EINE GESCHICHTE, IN DER EIN Privatdetektiv das Verschwinden eines Mannes aufklären wollte, lief auf die Aufklärung eines Mordes hinaus. Noch wusste der Privatdetektiv allerdings nicht, dass überhaupt ein Mord passiert war. Und wer war das Opfer?

Vorerst gönnte sich der Privatdetektiv ein paar Tage Herbsturlaub im Tessin. Mit Ex-Ehefrau Greta. Die beiden hatten wieder zueinander gefunden, sie sprachen sogar von erneuter Heirat. Vor der Heirat erst einmal testen, ob man vier Tage lang auf engem Raum miteinander leben kann, in einem Doppelzimmer. In einem Doppelzimmer einer christlichen Tagungsstätte mit Hotelbetrieb. Die Casa Marina! Direkt am Lago Maggiore gelegen! Greta und Ralf W. kannten diese Tagungsstätte gut, sie waren früher öfter hier gewesen. Ralf W. auch einmal als Referent, der über ekklesiogene Neurosen gesprochen hatte: Neurosen, die durch Religion hervorgerufen werden.

Die Casa Marina bestand aus mehreren Gebäuden, versetzt an das steile Ufer gebaut, dazwischen Treppen, Gärten mit Palmen und Ölbäumen, gepflasterte kleine Höfe, Laternen, oben am Hauptgebäude eine hervorspringende Loggia mit Säulen und Rundbögen, dahinter der Vortragsraum.

Greta und Ralf W. standen am Anreisetag, am Spätnachmittag, auf der Loggia und schauten auf den See hinaus. Auf den See und die ihn umgebenden steilen Berge. Ins Tessin muss man im Oktober reisen, in jener Zeit der Schwebe, wenn die Blätter der Bäume schon die Herbstfarben tragen, aber noch nicht gefallen sind. Und wenn der See nicht mehr der scharfen, stechenden Sonne ausgesetzt ist, sondern in mildem Licht verschwimmt; es ist dann so, als ob er jene Gedanken aus einem herauszieht, die ebenfalls nicht klar sind, nicht klar sein können, die eine stechende Sonne nicht vertragen, sich aber jetzt hervorwagen.

Was wagte sich bei Greta und Ralf W. hervor, als sie auf der Loggia der Casa Marina standen und auf den Lago Maggiore und die steilen Berge schauten? Ralf W. wusste, dass er etwas sagen musste, etwas zur Vergangenheit, etwas zur Zerstörung der Ehe, zu seinem Beitrag daran. Es zog und zog an ihm, und dann kam ein ganz einfacher Satz über seine Lippen: «Greta, vergib mir, was ich dir in all den Jahren angetan habe.»

Greta war nicht überrascht. Sie lehnte ihren Kopf an Ralf W.s Schulter und sagte, sagte es sehr leise: «Vergib auch du mir, Ralf.»

Vielleicht kann man so etwas nur in einer christlichen Tagungsstätte sagen, auf der Loggia, mit Blick auf den Lago Maggiore, der in mildem Herbstlicht verschwimmt. Vielleicht hätte man das nicht in Zürich sagen können, in einer Stadt. In der Stadt, wo sie beide wohnten, Greta und Ralf W., nicht weit voneinander entfernt. Und bald wohl wieder zusammen.

Hinter der Loggia also der Vortragsraum. Hier hatten seinerzeit Tische im Kreis gestanden, die 30 Leuten Platz geboten hatten, und Ralf W. hatte über ekklesiogene Neurosen gesprochen. Mit Beispielen aus der Literatur (K. Thomas) und aus der eigenen Praxis.

Eingeführt wurde der Begriff «ekklesiogene Neurosen» 1955 durch den Arzt E. Schaetzing. Als Gynäkologe hatte Schaetzing immer wieder die Beobachtung gemacht, dass Probleme seiner Patientinnen wie z.B. Frigidität, psychogene Schmerzen im Genitalbereich und Geburtsschwierigkeiten mit einer übertriebenen religiösen Einstellung zusammenhingen. Offenbar verursachte also kirchlicher Dogmatismus Neurosen; insbesondere ist hier jene in pietistischen Kreisen zu findende gesetzliche und leibfeindliche Erziehung in Anschlag zu bringen, in der die Geschlechtlichkeit tabuisiert oder gar bekämpft wird.

Inzwischen ist der Begriff ekklesiogene Neurose psychotherapeutisches Allgemeingut geworden. Manche Autoren fassen ihn sehr weit und sind der Ansicht, dass mannigfache Formen der Neurose und fehlerhaften Charakterentwicklung auf christliche Störfaktoren zurückzuführen seien; andere meinen, dass es sich bei den als ekklesiogen anzusprechenden Neurosen nahezu ausschließlich um Fehlverhalten aus einer verbogenen Haltung zur Sexualität handele. Dem augenblicklichen Forschungsstand angemessener ist auf jeden Fall die zweite Auffassung. Außerdem sollte man aufpassen, die Kirche und die christliche Tradition nicht zu pauschal für die Entstehung seelischer Krankheiten verantwortlich zu machen; immerhin gibt es auch die umgekehrte Beobachtung, nämlich dass eine glaubensmäßige Bindung neurotische Fehlentwicklungen verhindert.

Vermutlich ist es so, dass Protestanten stärker von ekklesiogenen Neurosen befallen sind als Katholiken. Ins Feld führen lässt sich für diese Annahme die Beobachtung von C.G. Jung, dass Protestanten viel häufiger neurotisch erkranken als praktizierende Katholiken. Der Grund für die relativ bessere seelische Gesundheit der Katholiken ist nach Jung der, dass sie über ein reicheres Symbolsystem verfügen, das psychohygienische Funktionen erfüllt. Vielleicht spielt es auch eine Rolle, dass Protestanten einem stärkeren «Strukturierungszwang» ausgesetzt sind als Katholiken. Der Begriff Strukturierungszwang stammt von dem Soziologen G. Schmidtchen und soll besagen, dass Protestanten mit ihren Glaubensfragen vor Gott weitgehend alleine dastehen und ihr Dasein selber strukturieren müssen, während Katholiken in einer bergenden Seinsordnung aufgehoben sind. Der Strukturierungszwang ist sozusagen die Kehrseite der Größe und Freiheit des evangelischen Glaubens, und er überfordert oftmals die Gläubigen; resignative und depressive Reaktionen, die bei Protestanten häufiger zu beobachten sind als bei Katholiken, könnten mit dieser Überforderung zusammenhängen.

Fallberichte ekklesiogener Neurosen (nach K. Thomas): Ein 30-jähriger, jungverheirateter Gemeindepfarrer fühlt sich verpflichtet, seiner jungen Ehefrau gegenüber keine sexuellen Wünsche zu äußern: das wäre Sünde. Er onaniert exzessiv und benutzt die regelmäßigen seelsorgerlichen Krankenbesuche bei einer 74-jährigen Frau seiner Gemeinde, um sie zu koitieren. Er leidet unter schwersten Gewissensqualen, kann sich aber nicht aus dieser Bindung lösen.

Drei Pfarrer waren besonders prüde in ihren Elternhäusern erzogen worden, zwei von ihnen wuchsen selbst als Pfarrerssöhne auf. Vor allem der unbekleidete Körper galt als unanständig. Umso mehr regte sich bei ihnen ab der Pubertätszeit die Neigung, wenigstens Bilder unbekleideter Menschen zu sehen. Je mehr diese Neigung verdrängt wurde, umso mächtiger und schließlich zwanghafter wurde sie: die Zwangsneurose war geboren. Ein Pfarrer reiste zweimal nach Paris, um dort ausgiebig Nachtlokale und Theater mit Nackttänzerinnen zu besuchen. Jahrelange Gewissensqualen waren die Folge. Einer musste schließlich bei jedem Gebet zwanghaft an die Geschlechtsteile Christi denken. Er wurde wegen dieser Zwangsneurose arbeitsunfähig und litt als tieffrommer Mensch unsagbar darunter.

Ein tierliebender Pfarrer schenkte seinem 9-jährigen Sohn zum Geburtstag ein Meerschweinchen, das er jedoch selber pflegte. Das Tier starb nach einem Jahr. Dieser Tod traf den Pfarrer unerklärlich hart. Vielstündige Weinkrämpfe schlossen sich an. Er konnte sich nicht entscheiden, ob er das Tier in seinem Garten begraben, ob er es ausstopfen, fotografieren oder malen lassen sollte. Das Tier lag schon fast verwest im Keller, der Pfarrer fand keine Ruhe und keinen Schlaf mehr. Der Pfarrer wurde dienstunfähig und suchte in höchster Verzweiflung professionelle Hilfe. Es stellte sich heraus, dass ihm das «Schweinchen» zu einem unbewussten Symbol für das neurotisch verdrängte Triebhafte geworden war. Er befürchtete, dass in seinem Alter von fast 60 Jahren die Geschlechtlichkeit in ihm ersterbe oder schon erstorben sei. Einerseits wollte er sie begraben, andererseits nicht. Aus dieser ambivalenten Einstellung zur Geschlechtlichkeit stammten seine starken Affektäußerungen.

Während Greta und ich noch auf der Loggia standen, wurden hinter uns im Vortragsraum die Tische umgestellt. Sie wurden in einem Kreis angeordnet. Ach ja, in der Casa Marina fand während unserer Urlaubstage eine Fortbildungsveranstaltung für Religionslehrer statt: «Krankhafte Formen von Religiosität». Fast dasselbe Thema wie bei mir damals: «Ekklesiogene Neurosen». Der Referent war ein junger Professor für Religionspsychologie, den ich aus seinen Büchern kannte, Dieter Weinert. Ob sich die Gelegenheit ergab, ihn kennenzulernen?

Greta und ich hatten beschlossen, zum Abendessen nach Ascona zu gehen, das war eine halbe Stunde Fußweg. Man sollte, auch wenn es etwas kühl war, noch draußen sitzen können, auf einer Terrasse der Strandpromenade mit Blick auf den See. Wir verließen das Gebäude mit der Loggia und dem Vortragsraum, stiegen eine Außentreppe hinunter und betraten einen der kleinen Höfe. Dort saß an einem Tisch, vor sich Papiere, ein junger Mann: Dieter Weinert; ich erkannte ihn, weil ich Fotos von ihm in seinen Büchern gesehen hatte. Offenbar sah er seinen Vortrag von heute Abend noch einmal durch. Ich sprach ihn an. Seine

Reaktion überraschte mich: «Sie sind Herr Dr. Wagner? Wie schön, Sie kennenzulernen! Ich habe Ihren Artikel über ekklesiogene Neurosen gelesen und sehr davon profitiert. Einiges davon wird in meine Vorträge hier in der Casa Marina einfließen.»

Mein Artikel über ekklesiogene Neurosen? Ja, ich hatte meinen Vortrag von damals in einer psychologischen Zeitschrift publiziert.

Dieter Weinert bat Greta und mich, Platz zu nehmen, und wir kamen ins Gespräch. Wir tauschten aus; er berichtete von seinen Forschungsprojekten, ich von Fällen aus meiner Praxis. Greta tat mir leid; sie war nicht am Gespräch beteiligt. Aber das konnte sich ändern. Von meiner Patientin Erika, von Martha und dem Verschwinden des Ehemanns konnte *sie* berichten; natürlich unter Wahrung der Anonymität; sie musste, und das sagte sie Dieter Weinert auch, allen beteiligten Personen andere Namen geben. Dann erzählte sie, erzählte alle Einzelheiten. Dieter Weinert hörte interessiert zu, stellte Zwischenfragen, machte sich sogar Notizen. Als Greta geendet hatte, bat ich ihn um eine Einschätzung des Falls aus religionspsychologischer Sicht.

«Franziska ist», so sagte er, «offenbar eine überaus fromme Frau.»

Franziska war Martha.

«Franziska hat eine religiöse Erziehung genossen, die sie tief geprägt hat. Im Krankenhaus betete sie mit der sterbenskranken Mutter – rührend. Ihrem Vergewaltiger hatte sie aus christlicher Überzeugung heraus vergeben und heiratete ihn sogar. Aber solch eine hohe christlich-moralische Einstellung hat oft eine Kehrseite.»

«Und die wäre?», fragte ich gespannt.

«Die Aggression wird verdrängt. Hinten herum ist sie aber wirksam, niemand ist ganz und gar heilig. So heilig, wie es den Anschein hat, kann Franziska nicht sein. Ich nehme an, dass sie in der Erziehung ihrer zweiten Tochter, Ihrer Patientin, Herr Wagner, ihren Ehemann nachträglich bestraft hat. An dieser Tochter lebte sie ihre Aggressionen aus, die eigentlich dem Ehemann gegolten hätten.»

Ich war verblüfft. So hatte ich die Sache noch nicht gesehen.

Dieter Weinert hatte sich in Eifer geredet. Er fuhr fort: «Ich glaube, dass Franziska eine Mörderin ist. Das Verschwinden des Ehemanns: Mord mit anschließender Beseitigung. Vorher musste er sie noch schwängern, sie wollte für das totgefahrene Kind unbedingt Ersatz.»

In meinem Kopf überschlugen sich die Gedanken. Martha – eine Mörderin? Alles ist möglich. Sag als Psychotherapeut nie: «Das gibt es nicht.» Martha – eine Mörderin: das musste nicht stimmen, konnte aber stimmen. Ich erhob mich, Greta tat es auch. «Wir werden nach Ascona zum Abendessen gehen», sagte ich.

Dieter Weinert: «Wenn Sie wollen, kommen Sie doch nachher zu meinem Vortrag. Ich würde mich freuen.»

Die halbe Stunde Fußweg nach Ascona! Wir kamen an Rivierengärten vorbei, die von Mauern und Hecken eingefasst waren und aus denen Zypressen ragten.

An den Mauern wuchsen Blumen, Blumen waren überall, in hundert Farben. Palmen waren zu sehen, Rohrpflanzen, hohe Gräser, die Vegetation war südländisch. Wir erreichten Ascona, schlenderten die Uferpromenade entlang, vorbei an den Terrassen der Restaurants, blieben an Verkaufsständen stehen, wo Schmuckartikel, Lederwaren und antiquarische Bücher angeboten wurden, hörten Straßenmusikanten zu. Wir sahen uns an: hatten wir Lust auf einen Bummel durch die Altstadt? Ja, hatten wir. An der Kirche bogen wir ein, gingen durch enge Gassen, ockerfarbige Steinwände entlang. Hinter Mauern und Torbögen tauchten Gartenoasen auf, plätscherten Brunnen. Ascona – ein ehemaliges Fischerdorf, das später zu einem Anziehungspunkt für Künstler, Esoteriker, Lebensreformer und Aussteiger wurde. Der Monte Verità, der Berg am nordwestlichen Rand der Stadt, war das Zentrum.

Wir gingen zur Uferpromenade zurück und nahmen auf einer der Terrassen Platz. Wir hatten eine Pizzeria ausgewählt; Pizza, Salat, eine Flasche Rotwein – ein schönes Abendessen. Mit Blick auf den See und die steilen Berge.

Greta sagte, nachdem wir mit dem Rotwein angestoßen hatten: «Ich glaube nicht, dass dieser Professor mit seiner Einschätzung Marthas Recht hat. Was er erzählte, war zu konstruiert. Zu sehr von einem Schema bestimmt.»

Ralf W.: «Von welchem Schema?»

Greta: «Von dem Schema, dass eine hohe christlich-moralische Einstellung immer eine Kehrseite hat.»

Ralf W.: «Er sagte, eine solche Einstellung habe *oft* eine Kehrseite. Er sagte nicht: *immer*.»

Greta: «Nicht immer, genau. Und bei Martha eher *nicht*. Das sagt mir mein Gefühl.»

Über Gefühle kamen wir nicht hinaus. Auch ich hatte das Gefühl, Martha könne keine Mörderin sein, der Religionspsychologe Dieter Weinert habe die Sache zu scharf gesehen.

Und wenn er doch Recht hatte?

Greta zuckte mit den Schultern: «Wie sollen wir das entscheiden?»

Ihr tragbares Telefon klingelte. Sie meldete sich und schien völlig überrascht zu sein. Sie hörte nur zu und sagte immer wieder: «Ja; ja sicher.» Und zum Schluss: «Ich komme also bei Ihnen vorbei und bringe viel Zeit mit. Den Termin legen wir später fest, ich rufe Sie an. Im Moment bin ich im Tessin, ich mache hier einige Tage Urlaub.»

Greta steckte das Telefon weg. «Das war Martha», sagte sie. «Die Frau hat zu mir Vertrauen gefasst und will auspacken. Will ihre Geschichte erzählen. Ihre Geschichte, die sie seit 26 Jahren mit sich herumträgt. Ein schlimmes Geheimnis werde sie mir enthüllen, hat sie gesagt.»

Pizza, Salat, eine Flasche Rotwein – ein schönes Abendessen? Nicht mehr, wenn man so etwas erfahren hat wie wir gerade. Man ist dann nicht mehr auf das Essen konzentriert. Man rätselt, man stellt Theorien auf. Dabei gilt es ganz einfach nur zu warten: einige Tage; vielleicht ein, zwei Wochen. Dann würden wir die Wahrheit wissen.

Ich schaute auf die Uhr: «Wenn wir rechtzeitig zu Dieter Weinerts Vortrag kommen wollen, müssen wir jetzt zahlen und aufbrechen.»

EIN PRIVATDETEKTIV, DER einen schwierigen Fall aufklären wollte, aber nicht wusste, wie er vorgehen sollte, brauchte irgendwann nichts mehr zu tun. Der Fall löste sich von alleine. Greta, die Ex-Frau des Privatdetektivs, bekam die Geschichte des Falls von dessen Hauptperson erzählt und erzählte sie an den Privatdetektiv weiter …

«Fünf Kilo reines Gold.» Bezeichnet man so ein Kind? Martha tat es. Sie stand vor ihrem Ehemann Jan, hielt die kleine Erika in den Armen und sagte: «Fünf Kilo reines Gold.» Danach hätte sie das Baby in sein Bettchen zurücklegen können, um Jan in die Arme zu nehmen und zu sagen: «75 Kilo reines Gold.» Aber auf diesen Gedanken kam sie nicht. Auf den wäre sie nie gekommen. Wenn ein Psychotherapeut sie aufgefordert hätte, spontan ein Metall zu nennen, das zu ihrem Mann passte, hätte sie dann gesagt: «Gold.»? Nein, sicher nicht. Hätte sie gesagt: «Silber.»? Nein, auch das sicher nicht. Wahrscheinlich hätte sie gesagt: «Blech.» Einem Psychotherapeuten gegenüber hätte sie sich das getraut.

Blech ist zu vielem nützlich. Autos sind aus Blech; auch die schönsten Sportwagen sind es. Man setzt sich hinein, fährt los und denkt nicht: «Nur Blech.» Auf die Form kommt es an, auf den Gebrauchswert. Jan hatte einen hohen Gebrauchswert, das musste man ihm lassen. Er gab sich als Ehemann Mühe. Er wusste, dass er tief in Marthas Schuld stand. Und in der Schuld ihrer Eltern. Er brachte sein Leben als angesehener, erfolgreicher Tierarzt und liebevoller Ehemann zu; inzwischen auch als liebevoller Vater. Jedenfalls *bemühte* er sich, liebevoll zu sein – oft genug gelang das nicht. Erfolgreich im Beruf sein, liebevoll Frau und Kind gegenüber: das war der Preis, den er zu zahlen hatte. Der Preis dafür, dass er nicht wegen Vergewaltigung im Gefängnis saß. Um nach Verbüßen der Strafe nach Polen abgeschoben zu werden.

«Fünf Kilo reines Gold.» Nachdem Martha das gesagt hatte, fragte sie Jan: «Hast du etwas dagegen, wenn ich über das Wochenende mit Erika zu meiner Cousine Inge nach Thun fahre?»

Natürlich hatte Jan etwas dagegen. Wenn schon Ehepaar, wenn schon junge Familie mit Kind, dann auch Dinge gemeinsam machen. Aber Martha machte vieles ohne ihn. Schon von Beginn der Ehe an. Und jetzt würde sie ein Wochenende, ein Frühlingswochenende, mit ihrer Cousine Inge verbringen. Die hatte auch ein Baby. Die beiden Frauen würden bei schönstem Frühlingswetter ihre Kinderwagen auf dem Spazierweg am Thuner See entlangschieben. An knospenden Bäumen und ersten Frühlingsblumen vorbei. Vielleicht würde auch Klaus, Inges Mann, bei dem Spaziergang dabei sein. Und er, Jan, würde zu Hause hocken.

Jan war also gegen Marthas Solo-Wochenendausflug. Aber er rang sich ein Ja dazu ab: «Selbstverständlich kannst du mit Erika zu Inge fahren, Schatz. Ich hüte das Haus. Der Keller muss dringend aufgeräumt werden, dazu habe ich dann Gelegenheit.»

Kelleraufräumen statt Spaziergang mit Frau und Kind am Thuner See. Oder fiel Jan für die Zeit von Marthas Abwesenheit etwas anderes ein? Zwei Tage Freiheit, so konnte man es sehen. Zwei Tage, um etwas zu tun, was man bei Anwesenheit der Ehefrau nicht tun konnte.

«Ich hätte Jan nie heiraten dürfen! Wenn er doch wieder aus meinem Leben verschwinden würde! Aber das Kind müsste er mir dalassen. Das Kind ist mein Ein und Alles.»

Spaziergang am Thuner See mit Entenfüttern. Enten füttern, das tun alle Kinder gern. Inge und Klaus' kleiner Sohn Felix konnte gerade laufen, lief zwischen Seeufer und der Bank, auf der die Erwachsenen saβen, hin und her und holte immer wieder neues Brot.

Klaus, als hätte er Marthas Seufzer nicht gehört: «Bald wird auch deine Erika Enten füttern.»

Klaus war Pfarrer, Inge Pfarrerin, die beiden teilten sich eine Pfarrstelle.

Ein Pfarrer muss Seufzer hören und auf sie reagieren. Oder war es eine Reaktion auf Marthas Seufzer gewesen, als Klaus gesagt hatte, bald werde auch Erika Enten füttern? Jedenfalls hellte sich Marthas Gesicht auf; sie schob den Kinderwagen mit Erika ganz nahe ans Wasser, zu den Enten.

«Wir müssen sie darin bestätigen, dass sie richtig handelte, als sie Jan heiratete», sagte Klaus leise zu Inge.

Inge sah es auch so. Sie stand auf, gesellte sich zu Martha und sagte: «Lass von der Freude über das Kind Freude auf die Ehe übergehen. Und denk daran: Um Liebe kann man beten. Liebe kann man sich von Gott schenken lassen. Fang deine Gebete an mit Dank für das Kind. Und dann bitte um Liebe für Jan.»

Martha bekam Tränen in die Augen. «Ich will es versuchen, Inge», sagte sie. Die beiden Frauen nahmen sich in die Arme; sehr vorsichtig, weil Martha Erika hielt. Was zur selben Zeit bei Martha zu Hause geschah, was Jan dort trieb, konnten sie nicht wissen. Hätten sie es gewusst, hätten sie sich zwar auch in die Arme genommen, aber deshalb, weil Martha hätte beruhigt werden müssen. Und Inge hätte sie nicht in der Ehe mit Jan bestätigt; sie hätte vielmehr gesagt: «Lass dir so etwas nicht bieten! Trenn dich von diesem Mann!»

Jan hatte seine Adressenliste durchgesehen. Seine geheime Adressenliste. Er bewahrte sie an einem sicheren Ort auf: in seinem Geländewagen, mit dem er zu seinen Tierarzt-Einsätzen fuhr; diesen Wagen benutzte Martha niemals, sie nahm stets das Familienauto. Neben Adresse und Telefonnummer der Mädchen war auch deren Alter vermerkt. Jan liebte es möglichst jung. Am liebsten wäre es ihm gewesen, die Mädchen wären noch Kinder. Aber wenn sie 16, 17 Jahre alt waren: auch gut. Sie mussten vorher das Einverständnis geben, dass sie Gewalt erdulden würden – dafür bekamen sie eine hübsche Summe Geld. Und dann wollte Jan sie schreien hören. In seinem Geländewagen auf einsamen Feldwegen. Und wenn

Martha nicht im Haus war? Dann konnte er die Mädchen auch dort vergewaltigen. Vergewaltigung aber jetzt als Spiel, nicht als Straftat. Die Mädchen mussten weglaufen: Treppen hinauf oder hinab, durch alle Räume. Er, Jan, hinterher. Abgemacht war, dass ein Mädchen nicht aus der Haustür herauslaufen durfte. Und verteidigen musste sie sich – wenn Jan sie gestellt hatte. Widerstand vermehrte seine Lust. Manchmal war sogar der Impuls da, das Mädchen zu töten. Aber dagegen war Jan bisher erfolgreich angegangen. Einmal Vergewaltiger, immer Vergewaltiger? Jan wollte ein liebender Ehemann und Vater sein, war es auch, aber er war trotzdem ein kalter, gefühlloser Vergewaltiger. Ein potenzieller Mörder.

Enten haben irgendwann genug Brot gefressen und schwimmen weg. Auf den See hinaus. Kinder, die Enten füttern, sind damit nicht einverstanden, sie wollen weiterfüttern …

Der See war an der Stelle, an der sich Inge, Klaus und Martha auf einer Bank niedergelassen hatten, sehr seicht, und zum Anlegen von Booten führte ein langer, schmaler Steg ins Wasser. Diesen Steg lief Felix jetzt entlang, den Enten hinterher, mit Brot in der Hand.

«Felix, komm zurück!», rief Inge. «Du könntest ins Wasser fallen!»

Martha, Erika auf dem Arm: «Ich gehe ihm nach und passe auf.»

Felix war vorsichtig. Er stand am Ende des Stegs und fütterte wieder, die Enten waren wieder hungrig. Martha stand daneben und passte auf. Erika fing an zu weinen, sie musste allmählich gestillt werden. Martha wiegte sie, das beruhigte das Kind. Sie betrachtete das kleine Gesichtchen, das wieder einen zufriedenen Ausdruck hatte.

Wenn man ein Kind wiegt, macht man einige Schritte nach rechts, nach links, nach vorne, nach hinten. Man schaut auf das Kind, nicht auf den Boden. Sollte man auf einem alten, morschen Steg aber. Der hatte einige durchgefaulte Stellen, in denen konnte sich ein Fuß verfangen. Marthas Fuß *verfing* sich in einem der Löcher, sie kämpfte um ihr Gleichgewicht, stürzte, Erika glitt ihr aus den Händen, fiel ins Wasser. Bis Martha sich wieder aufgerichtet hatte, war Erika unter der Wasseroberfläche verschwunden.

Von der Bank her: ein doppelstimmiger Schreckensschrei; und sie liefen beide los, zu Martha hin, Klaus und Inge. Martha war schon im Wasser, das reichte ihr bis zur Brust, und suchte verzweifelt das Baby. Klaus und Inge sprangen auch ins Wasser, man verteilte sich, suchte an verschiedenen Stellen, Erika blieb unauffindbar. Martha schickte ein Stoßgebet zum Himmel: «Lieber Gott, wenn wir Erika lebend aus dem Wasser ziehen, werde ich Jan für immer lieben, egal, was er tut. Das schwöre ich dir.»

Klaus erklärte Martha hinterher, als alles vorbei war und sie Erika wieder in den Armen hatte, gesund und munter, allerdings unterkühlt, dass so etwas theologisch falsch sei: mit Gott handeln. «Er hilft uns auch so, ohne Gegenleistung.»

Erika wurde fest in Kleidungsstücke der Erwachsenen eingewickelt, und Martha sagte: «Ich fahre mit ihr sofort heim. Jan ist zwar Tierarzt, aber er versteht auch einiges von Humanmedizin. Er wird wissen, was zu tun ist. Vielleicht muss Erika einfach nur gestillt und ins Bett gelegt werden.» Und dann wandte sie sich an Klaus: «Ich hätte Gott keine Gegenleistung schwören sollen, das sehe ich ein. Gott handelt in seiner Gnade an uns auch ohne Gegenleistung. Aber ich habe nun einmal geschworen, und jetzt bin ich gebunden: Ich werde Jan immer lieben, egal was er tut.»

Martha würde schon in kürzester Zeit, bei ihrer Rückkehr nach Hause, Gelegenheit haben, ihren Schwur einzulösen. Was Inge gesagt hätte: «Lass dir so etwas nicht bieten! Trenn dich von diesem Mann!», hätte auf Martha keinen Einfluss gehabt.

Es war abgemacht, dass die Mädchen nicht aus der Haustür liefen, aber Stefanie lief *doch* hinaus: weinend, schreiend. Jan hatte es zu arg mit ihr getrieben, hatte ihr zu weh getan. Nur ein Höschen hatte sie an, so lief sie aus der Hofeinfahrt heraus Richtung Straße, Jan hinterher. Wollte sie ein Auto stoppen? Ja, wollte sie. Aber das Auto, das sie stoppte, hätte ohnehin gehalten. Um in die Hofeinfahrt einzubiegen. In dem Auto befanden sich zwei weibliche Wesen: am Steuer Martha, auf der Rückbank in einem Kindersitz Erika. Aus zwei weiblichen Wesen wurden sofort drei - Stefanie flüchtete sich in das Auto auf den Beifahrersitz.

Hätte es einen Zeugen dieses Vorfalls gegeben, hätte er sich gesagt: «Alles ist aus für dich, Jan. Martha wird sich von dir trennen. Sie wird dich auch nachträglich noch wegen Vergewaltigung anzeigen. Du wirst ins Gefängnis wandern und nach Verbüßung der Strafe nach Polen abgeschoben werden, wo du herkommst.»

Der Zeuge hätte von Marthas Gelübde nichts gewusst; deshalb wäre er erstaunt gewesen, wie Martha reagierte. Sie drückte Jan Erika in die Hände und sagte: «Kümmere dich um sie; sie ist in den Thuner See gefallen und unterkühlt.» Sie selbst, Martha, kümmerte sich um das Mädchen Stefanie. Sie nahm sie in die Arme, beruhigte sie, und als sie wieder angezogen war, fuhr sie sie heim. Jan war mit Erika Hals über Kopf zum Krankenhaus aufgebrochen. «Nur als Vorsichtsmaßnahme!», hatte er Martha noch zugerufen. «Wahrscheinlich ist das Kind in Ordnung.»

Erika wurde *doch* hospitalisiert. «Für zwei oder drei Tage, zur Beobachtung, mach dir keine Sorgen», sagte Jan zu Martha, als die Eheleute wieder zusammen waren. Und jetzt erwartete er einen Zornesausbruch. Aber der kam nicht. Jan konnte nicht wissen, warum nicht. Martha beherrschte sich so sehr, dass sie den Vorfall gar nicht zur Sprache brachte. Stattdessen ging sie in den Keller und kam mit einer Puppe zurück. Einer ziemlich großen Puppe in einem rosa Kleidchen. «Das ist Hermeline, die habe ich aus meiner Mädchenzeit aufbewahrt. Ich gebe sie dir. Es fällt mir schwer, sie dir zu deinen Zwecken zu überlassen, aber ich gebe sie dir trotzdem.»

Jan, die Puppe bereits in den Händen, schaute Martha verständnislos an: «Mir die Puppe zu meinen Zwecken überlassen? Was meinst du damit?»

Martha: «Stell dich nicht so blöd an. Du sollst an der Puppe onanieren. Vielleicht hält dich das von den Mädchen ab.» Und jetzt war Martha mit ihrer Selbstbeherrschung am Ende. Sie begann zu schluchzen und wandte sich von Jan ab. «Schade um meine Hermeline», sagte sie, als sie aus dem Zimmer ging.

An dieser Stelle ihrer Erzählung unterbrach sich Martha und fragte Greta: «Hätte ich Jan zu einem Psychotherapeuten schicken sollen? Ich hatte den Vorschlag gemacht, er wollte nicht, aber hätte ich darauf bestehen müssen? Hätte eine Psychotherapie die Katastrophe verhindert?»

Greta überlegte einige Zeit. «Jan war, nach dem, wie Sie ihn mir geschildert haben, ein Psychopath», sagte sie schließlich. «Psychopathen sind nicht therapierbar, also haben Sie nichts falsch gemacht. Zur Katastrophe wäre es trotz Therapie gekommen.»

Noch wusste Greta nicht, worin die Katastrophe überhaupt bestand; aber sie wollte nicht fragen und damit Marthas Erzählung vorgreifen. Noch war man bei Jans psychopathologischer Einordnung.

«Psychopath? Was ist ein Psychopath?» Martha wollte informiert werden, und Greta setzte zu einer Erklärung an.

Eine Psychopathie oder Persönlichkeitsstörung ist dann zu diagnostizieren, wenn bei einem Menschen Charaktermerkmale, die an und für sich normal sind, eine derartige Dominanz aufweisen, dass sie das Verhalten des Betreffenden als einseitig, sonderbar und störend erscheinen lassen. Dabei ist es meist so, dass der Psychopath selbst sein Verhalten keineswegs als unnormal einstuft und auch nicht an ihm leidet. Psychopathien sind also – im Unterschied zu Neurosen, zu denen sie eine gewisse Verwandtschaft aufweisen – «Persönlichkeitsstile», mit denen man sein Leben meistert. Bei der Ausbildung von Psychopathien sind sowohl Anlagefaktoren als auch Umweltfaktoren, vor allem Konfliktkonstellationen im frühen Kindesalter, wirksam.

Die wichtigsten Persönlichkeitsstörungen sind diese:
die erregbare oder explosive Persönlichkeit;
die schizoide Persönlichkeit: einerseits kühl und abweisend, andererseits überempfindlich;
die hyperthyme Persönlichkeit: oberflächlich und heiter;
die hysterische Persönlichkeit: reizbar, eitel, theatralisch;
die zwanghafte Persönlichkeit: übermäßig gewissenhaft, übergenau;
die gemütsarme Persönlichkeit: gefühlskalt;
die asthenische Persönlichkeit: leicht ermüdbar, wenig belastbar;
die zyklothyme Persönlichkeit: von starken Stimmungsschwankungen bestimmt;
die querulatorische Persönlichkeit: rechthaberisch.

Psychopathien kommen bei Männern drei- bis viermal häufiger vor als bei Frauen. Auf das Konto von Psychopathen geht etwa die Hälfte der schweren Straftaten – obwohl der Anteil der Psychopathen an der Gesamtbevölkerung nur ein bis anderthalb Prozent beträgt. Typisch für einen Psychopathen ist seine Gefühlskälte und das egoistische, rücksichtslose Verfolgen von Zielen.

Wenn in der Klinischen Psychologie ein Begriff stigmatisierend ist, ist es derjenige der Psychopathie, und man versucht ihn heute zu vermeiden und von «antisozialem Verhalten» zu sprechen. Dieser Begriff allerdings gaukelt eine Therapierbarkeit vor, die nicht besteht: Verhalten kann man ändern, der Psychopath hingegen bleibt in der Regel für immer so, wie er ist.

Ein Tummelplatz für Psychopathen ist die Religion. Hier begegnet man immer wieder bizarren Persönlichkeiten, über die man sich verwundert die Augen reibt. Am liebsten möchte man über diese Leute schmunzeln, aber dazu sind sie zu gefährlich; sie zerstören das Leben anderer. Auch in der Politik finden sich Psychopathen. Hitler war eindeutig Psychopath, nicht etwa Neurotiker. Es gab nichts zu behandeln an ihm, er war so, wie er war – eine extreme Persönlichkeit. Mit 16 Jahren schon, so berichtet sein Jugendfreund August Kubizek, kam es bei ihm zu rhetorischen Eruptionen, die denen von später in nichts nachstanden.

Psychopathien …

Und wo war Jan einzuordnen?

Martha ordnete ihn bei den gemütsarmen Persönlichkeiten ein: «Er war gefühlskalt; ich glaube nicht, dass er mich wirklich liebte; auch beim Geschlechtsverkehr spürte ich keine Nähe.»

Wenn keine Nähe zum Mann, dann wenigstens zum Kind: Die kleine Erika machte Marthas Leben reich und half ihr, über die Mängel in Jans Persönlichkeit hinwegzusehen.

Und Jan selber, wie stand er zu Erika? Er war der liebende Vater, ganz sicher. Also nicht gefühlskalt? Der Tochter gegenüber nicht? Es schien so. Man konnte im Gegenteil fragen: War bei Jan Erika gegenüber nicht *zu viel* Gefühl im Spiel? Dieses Zuviel an Gefühl hätte Martha misstrauisch machen müssen, machte es aber nicht. Sie schaute vielmehr mit Befriedigung zu, wenn Jan sich mit Erika abgab: Er suchte ständig körperliche Nähe zu ihr, nahm sie, wann immer es ging, auf den Arm, herzte sie, küsste sie; *er* war es, der sie fütterte, *er* war es, der sie wickelte, *er* war es, der bei Spaziergängen den Kinderwagen schob.

«Bei mir hätte schon früh das Warnlicht angehen müssen», sagte Martha zu Greta. «Aber es ging nicht an, ich war naiv. Ich sah hier nur Vaterliebe am Werk, nichts anderes.»

Vaterliebe ja, aber angereichert mit sexuellen Gefühlen. Sexuelle Gefühle einem ein, zwei Jahre alten Mädchen gegenüber? Bei einem Psychopathen ja. Wenn Martha aus dem Haus und Jan mit Erika allein war, ließ er seinen Neigungen freien Lauf. Er onanierte dann nicht an der Puppe Hermeline, sondern an der lebendigen Puppe Erika. Die ließ er sein steifes Glied anfassen. Die besudelte er mit Sperma. Aber das Kind erfasste von dem, was mit ihm getrieben wurde, nicht den Sinn. Mit ein, zwei Jahren noch nicht. Da war alles nur Spiel. Ein lustiges Spiel mit dem Vater.

Irgendwann musste Jan seine sexuellen Spiele mit Erika einstellen. Als das Kind älter wurde, hätte es alles ausplaudern können; hätte es alles einer entsetzten Mutter verraten können. Ab jetzt war Erika für Jan zwar immer noch Sexualobjekt, aber ein unerreichbares. Eines, das er nur noch in seiner Phantasie benutzen konnte. Er schaute, wenn Martha aus dem Haus war, Erika eine Weile beim Spielen zu, verzog sich dann ins Schlafzimmer und onanierte – mit Erika vor seinen inneren Augen.

IN EINE GESCHICHTE, DIE AUF einen Mord an einem 6-jährigen Mädchen zulief und auf das Verschwinden des Mörders, passte nicht hinein, dass das Mädchen *überfahren* worden war; überfahren – nicht etwa nach einem Sexualdelikt erwürgt. Erika *war aber* erwürgt worden. Jan hatte seiner Tochter in dem kleinen Wald, den sie durchqueren musste, um zum Bauernhof der Großeltern zu gelangen, aufgelauert. Dort hatte er sich an ihr vergangen und sie danach erwürgt. Der Anblick des toten Kindes brachte ihn schlagartig wieder zur Besinnung. Er rannte nach Hause zurück, gestand seiner Frau die Tat und flehte sie zugleich an, Stillschweigen zu bewahren. Jede andere Frau hätte in einem solchen Fall sofort die Polizei benachrichtigt, aber Martha? Sie tat es nicht.

Greta: «War es immer noch das Gelübde Gott gegenüber, Jan für immer zu lieben, egal, was er tun würde, das Sie band?»

Martha: «Ja, das Gelübde band mich auch jetzt noch.»

Was ein Gelübde alles bewirken kann. Es kann bewirken, dass man den Mörder der eigenen Tochter deckt. Ja, mehr noch: dass man einen Weg sucht, den Mord zu vertuschen. Dass man damit zur Komplizin wird …

Als Greta den Fortgang der Geschichte vernahm, als sie hörte, wie kaltblütig Martha als Komplizin des Mörders ihrer Tochter gehandelt hatte, schüttelte sie verwundert den Kopf. Sie wollte einen Satz anfangen mit «Wie um alles in der Welt kann man nur …», aber im letzten Augenblick besann sie sich. Eine Psychologin fängt einen Satz niemals so an. Sie schüttelt auch niemals verwundert den Kopf, schon das war falsch gewesen. Eine Psychologin rechnet bei Menschen mit *allem*; nichts darf sie verwundern.

Marthas Kaltblütigkeit also. Sie durfte Greta nicht verwundern …

Als Martha hörte, ihre Tochter sei tot, schoss es ihr durch den Kopf: Der Mörder, und nur er, also ihr Mann Jan, konnte die Sache wiedergutmachen – indem er mit ihr, Martha, eine neue Erika zeugte.

Hier unterbrach Ralf W. seine Ex-Frau: «Der Gedanke an eine Ersatz-Erika war also sofort da?»

Greta: «Ja, er war sofort da. Und damit war auch das Schicksal der zweiten Erika, deiner Patientin, bereits besiegelt. Noch bevor es sie überhaupt gab. Noch bevor sie überhaupt gezeugt war. Alles war schon vorgezeichnet.»

Ralf W.: «Allerdings musste das zweite Kind wieder eine Tochter werden.»

Greta: «Ja, musste es. Wurde es ja auch. Wenn es ein Sohn geworden wäre, wäre alles anders verlaufen.»

Die zweite Erika – ihr Schicksal war bereits besiegelt. Aber zunächst ging es um die erste Erika. Um die Vertuschung des Mordes an ihr.

Der Gedanke an eine Ersatz-Erika bewahrte Martha davor, in eine Schockstarre zu verfallen. Er weckte in ihr die Kräfte, die sie als Komplizin des Mörders brauchte. Er machte sie kaltblütig. Martha sagte zu Greta: «Ich half Jan nicht nur, weil ich durch mein Gelübde gebunden war, sondern auch deshalb, weil ich ihn als Erzeuger einer zweiten Erika brauchte.»

Es wurde also kaltblütig gehandelt. Nicht nur durch Martha, sondern auch durch Jan: auf den sprang die Kaltblütigkeit über.

Was jetzt geschah, konnte nur geschehen, weil man in einsamer Lage wohnte. Weil es weit und breit keine Nachbarn gab – die mitansehen hätten können, was sich auf dem Garagenvorplatz des Hauses mit der Tierarztpraxis abspielte. Dort wurde nämlich gemalt. Aber nicht von Erika, die war ja tot und die hätte auf dem Garagenvorplatz ohnehin nicht gemalt. Sie hatte zwar bunte Kreide geschenkt bekommen, von ihrem Vater, aber als sie die Kreide das erste Mal ausprobierte, gefiel ihr nicht, dass der Garagenvorplatz so viele Rillen hatte – weil er gepflastert war und nicht asphaltiert. «Hier kann man nicht richtig malen», hatte sie enttäuscht gesagt. Seitdem war die Kreide nicht mehr angerührt worden.

Martha nahm sie jetzt, die Kreide. Und malte, nachdem sie Jan losgeschickt hatte, mit dem Auto die Kinderleiche zu holen, auf den Garagenvorplatz lustige Bilder. Sie malte sie aus einem Bilderbuch ab – selber eingefallen wären ihr keine lustigen Bilder; nicht in dem Zustand, in dem sie sich befand.

Greta wollte die Einzelheiten, die jetzt folgen würden, nicht geschildert bekommen; sie wären unerträglich gewesen. «Sie haben also mit Ihrem Mann zusammen das Kind ein zweites Mal getötet?», fragte sie Martha. «Nach dem Erwürgen nun ein Überfahren - um das Erwürgen zu vertuschen?»

Martha nickte stumm, und ihr kamen die Tränen. Sie war froh, nicht weitererzählen zu müssen; nicht die Einzelheiten berichten zu müssen. Aber es fehlte noch etwas. Was hatte es mit Jans Verschwinden auf sich?

Martha: «Er musste mich schwängern. Es war ein Geschlechtsverkehr, der mich anwiderte, aber ich biss die Zähne zusammen und hielt durch. Als meine Schwangerschaft feststand, verlangte ich von Jan, dass er aus meinem Leben verschwinde. Unter der Androhung, ihn nachträglich noch anzuzeigen, falls er es *nicht* täte. Ich verlangte von ihm, sich in sein Auto zu setzen, nach Polen zu fahren, wo er hergekommen war, und sich nie wieder bei mir blicken zu lassen. Ich weiß nicht, was aus ihm geworden ist.»

Printed by Books on Demand GmbH, Norderstedt / Germany